Beck'sche Reihe
BsR 295

Trotz der biblischen Aufforderung: „Du sollst dir kein Gottesbild machen!" (Ex. 20,4) spricht die Bibel selbst von Gott in Bildern, jedoch vorwiegend männlicher Herkunft: Gott als „Schöpfer", „Herr" und „Vater", entsprechend den Vorstellungen der altorientalischen patriarchalisch geprägten jüdischen Gesellschaft. In dieser Tradition blieb auch das Christentum, und die Gewalt der männlichen Gottesbilder prägt die christlichen Kirchen, Theologien, die Frömmigkeitsformen und die Kunst bis heute.

Daß das nicht so sein muß, zeigt dieses Buch einer unvoreingenommenen amerikanischen Literaturwissenschaftlerin. Schon die Bibel gebraucht für Gott gelegentlich Bilder weiblicher Herkunft: Gott als „Geburtshelferin", „gebärende Frau", „stillende Mutter", als „Hausfrau" und „Geliebte", als „weiblicher Pelikan", „Adler", „schützende Henne" u. a., und diese Bilder ließen sich auch in der christlichen Frömmigkeitsgeschichte nicht gänzlich unterdrücken.

In dieser Ausführlichkeit erstmalig zitiert und diskutiert die Autorin die Verwendung der weiblichen Bildmotive in der Bibel und interpretiert die Zitate im Hinblick auf das Gottesbild und die Konsequenzen: Wenn das Christentum von Anfang an nicht nur „Gottvater" sondern gleichberechtigt „Gottmutter" gepredigt hätte, wäre das für unsere gesamte vom Juden- und Christentum geprägte Kultur nicht ohne Folgen geblieben. Die Wiederentdeckung der weiblichen Züge im Gottesbild wird sich nicht nur auf das Selbstverständnis der Frau auswirken, sondern zum Nachdenken über die Ursprünge unserer patriarchalisch bestimmten Gesellschaft anregen.

Virginia R. Mollenkott ist Professorin für Englisch an der New York University.

VIRGINIA R. MOLLENKOTT

Gott eine Frau?

Vergessene Gottesbilder der Bibel

Mit einem Nachwort von
Elisabeth Moltmann-Wendel

VERLAG C. H. BECK MÜNCHEN

Aus dem Englischen übertragen von Christa-Maria Knirck
Titel der Originalausgabe: The Divine Feminine.
The Biblical Imagery of God as Female
The Crossroad Publishing Company, New York 1984

CIP-Kurztitelaufnahme der Deutschen Bibliothek

Mollenkott, Virginia R.:
Gott eine Frau?: Vergessene Gottesbilder d. Bibel / Virginia R. Mollenkott. Mit e. Nachw. von Elisabeth Moltmann-Wendel. [Aus d. Engl. übertr. von Christa-Maria Knirck]. – München: Beck, 3. Aufl. – 1990.
(Beck'sche Reihe; Bd. 295)
Einheitssacht.: The divine feminine ⟨dt.⟩
ISBN 3-406-34783-5

NE: GT

ISBN 3 406 34783 5

Dritte Auflage. 1990
Einbandentwurf von Uwe Göbel, München
unter Verwendung eines Motivs von Silvia Quant
(Die Augen der Nacht, 1939), Verlag Hanfstaengl Nachfolger,
Daco-Verlag Stuttgart

Gesamtherstellung: Georg Appl, Wemding
Printed in Germany

Inhaltsverzeichnis

Vorbemerkungen zur Übersetzung

1. Anmerkungen der Übersetzerin stehen in eckigen Klammern.
2. Die biblischen Texte wurden, wenn nicht anders angemerkt, nach der „Einheitsübersetzung der Heiligen Schrift" wiedergegeben (1980: Katholische Bibelanstalt, Stuttgart; Deutsche Bibelstiftung (evangelisch), Stuttgart; Österreichisches Katholisches Bibelwerk, Klosterneuburg).

1

Das Problem

In einer Peanuts Bildergeschichte sitzt Snoopy vor der Schreibmaschine auf seiner Hundehütte und arbeitet an einem Artikel mit der Überschrift „Schönheitstips". Im Vorgefühl des Erfolgs schreibt er den ersten Satz nieder: „Denken Sie immer daran, Schönheit fängt bei der Haut an." Aber irgendetwas stimmt nicht daran. Er überlegt eine Weile und ändert dann den zweiten Teil dahingehend: „. . . . Schönheit fängt beim Fell an."

Doch am nächsten Tag bekommt Snoopy Besuch von Woodstock, dem winzigen Huhn. Nachdem er seinen ersten Satz „Schönheit fängt beim Fell an" selbstsicher mitgeteilt hat, führt ihn Woodstock ausführlich in die Hühnersprache ein. Schließlich ändert Snoopy seinen Satz: „Schönheit fängt bei den Federn an."

Indem Snoopy versucht, sich mit den verschiedenartigsten Tieren auf eine alle einschließende Weise zu verständigen, sieht er sich einem schwierigen Problem gegenüber. Glücklicherweise ist für diejenigen, die für ein menschliches Publikum schreiben, die Sache um einiges einfacher. In der englischen [und deutschen] Grammatik gibt es nur *eine* derartige Unterscheidung, nämlich die von männlich, weiblich und sächlich, und mit vergleichsweise geringem Aufwand kann man die Grammatik so drehen und wenden, daß Männer und Frauen zugleich bezeichnet werden.

Von Christen, die voller Eifer die Botschaft verkünden, daß der Schöpfer jeden Menschen gleichermaßen und bedingungslos liebt, möchte man selbstverständlich annehmen, daß sie zur Vorhut derer gehören, die eine universale [d.h. Männer und

Frauen einschließende] Sprache gebrauchen. Beim Besuch fast jeder Kirche am Sonntagmorgen zeigt sich jedoch, daß dem nicht so ist. Die Sprache der christlichen Predigt, des Gebets und der Lieder nimmt ständig Bezug auf Männer, Brüder, Söhne und den Gott Abrahams, Isaaks und Jakobs in ausschließlich männlicher Bedeutung. Das Pronomen für diesen Gott ist „er". Wie zur Bestätigung, daß die einseitig männliche Sprache Absicht ist, besteht die Führung in Gemeinden und kirchlichen Organisationen fast ausschließlich aus Männern. Obwohl sich viele Frauen und Männer wegen des Ungleichgewichts zwischen den Geschlechtern vom Christentum (und Judentum) entfernt haben, besteht diese überwiegend männliche Orientierung fort. Warum ist das so?

Vernard Eller geht der Frage nach in seinem Buch *The Language of Canaan and The Grammer of Feminism* (Eerdmans, 1982). Eller gebraucht dabei den Begriff *Feminismus*, ohne zu definieren, was er damit meint. Ich will deshalb versuchen, Verwirrung zu vermeiden, und das Wort in der Bedeutung verwenden, wie es von Gliedern der feministischen Bewegung allgemein und der christlichen feministischen Bewegung im besonderen verstanden wird. Feminismus ist einfach die Verpflichtung, sich für die politische, wirtschaftliche und soziale Gleichstellung von Mann und Frau, Junge und Mädchen in allen Lebensbereichen einzusetzen. Christliche Feministen und Feministinnen glauben darüberhinaus noch, daß Gegenseitigkeit – gegenseitiger Respekt und gegenseitige Rücksichtnahme, gegenseitiges Anteilnehmen und gegenseitiges Dienen – zu der Art von Beziehungen gehört, die von Jesus beispielhaft gelebt und in den neutestamentlichen Briefen weiter entfaltet wurde. Deshalb sind sowohl Männer als auch Frauen, sofern sie die Verpflichtung zu Gleichheit und Gegenseitigkeit zwischen den Geschlechtern teilen, Feministen.

Das Problem der feministischen Sprache liegt für Eller darin, daß sie mit der Sprache Kanaans (damit ist offensichtlich die biblische Vorstellungswelt und Wortwahl gemeint) Schwierigkeiten hat. Das eine und einzig wirklich konkrete Wort mit personaler Bedeutung, das die menschliche Gattung bezeichnen kann, betont Eller, sei *Mensch* [engl. *man*]. Es käme kein anderes in Frage, denn jedes andere Wort mit personaler Bedeutung bezeichne eher einzelne Aspekte als das Ganze der Menschheit. Ohne irgendwelche einleuchtende Gründe behauptet Eller, daß Begriffe wie *Menschheit* [engl. *humanity*] und *Menschengeschlecht* [engl. *humankind*] unpersönliche Bedeutung hätten, während *Mensch* [engl. *man*] persönlich und daher absolut unersetzbar sei. Er übergeht so, daß wenn ein Wort einen einzelnen männlichen Menschen [engl. *a man* = ein Mann] bezeichnet, dasselbe Wort nicht als Bezeichnung der ganzen Gattung dienen kann (*Mensch* in der Bedeutung von *Menschheit*). Sogar für Menschen, die von der Grammatik des 18. Jahrhunderts geprägt sind und die begriffen haben, daß *Mensch* [engl. *man*] und das dazugehörige Pronomen *er* wirklich Gattungsbezeichnungen sind, haben beim Hören und beim Gebrauch der Wörter in ihrer Vorstellung ein männliches Bild.

Auf diese Weise wird die männliche Hälfte der Menschheit zum Inbegriff der Menschheit überhaupt. Daß Frauen sich nicht so gut darauf verstehen wie Männer, dem männlichen Bild vom Menschen zu entsprechen, sollte keinen wundern.

Dennoch hebt Eller auf dieser Grundlage weiterhin hervor, daß in der Schrift nie davon die Rede ist, jeder einzelne Mensch sei nach dem Bild Gottes geschaffen, sondern nur „der Mensch als Gesamtheit". Er behauptet, daß „Gott Vater ... das gültige Beispiel des Personseins überhaupt" sei „durch die Schöpfung ‚des Menschen' nach seinem eigenen Bild; die Schöpfung zu individuellem Personsein wird folglich abgeleitet von der Teilhabe am Personsein ‚des Menschen'" (S. 14).

Außerdem sagt uns Eller, daß die Kirche – und „der Mensch" als die eine völlig personale Dimension der Menschheit – gegenüber der Männlichkeit Gottes (oder Christi) weiblich sein muß.

Weil die Nachbargesellschaften Israels, die Göttinnen verehrten, viel mehr als Israel unter der Vorherrschaft der Männer standen, behauptet Eller, daß der Patriarchalismus kein Hindernis gegen weibliche Bezeichnungen bot. Er räumt ein, daß „Gott Vielfältigkeit und Vielseitigkeit, ohne sein Einssein in Frage zu stellen, zugeschrieben werden kann“ (S. 39–40). Wenn die biblischen Autoren es gewünscht hätten, „hätte Israel die Vorstellung hervorbringen können, die derzeit unter uns (von Feministen/innen) propagiert wird, nämlich die eines Gottes, der gleichermaßen Männliches und Weibliches in einer Person verkörpert“ (S. 40).

Weil Eller die biblischen Bilder eines weiblichen Gottes übersehen hat, nimmt er an, daß Israels Gott ausschließlich männlich dargestellt wurde und ohne Gemahlin ist, da die Menschheit (engl. *man*) diese Gemahlin ist. Er behauptet, daß „im Jahweglauben die Menschheit dieselbe Rolle spielt wie die Göttinnen in den Religionen, die männliche und weibliche Gottheiten haben“. Er nennt die biblischen Autoren außerdem mutig, weil sie der Versuchung, „den weiblichen Aspekt in die Gottheit hineinzulegen“, widerstanden haben. Wie wir jedoch noch sehen werden, haben die biblischen Autoren dies durchaus getan. Wer an die Trinität glaubt, wird es überzeugend finden, daß alle drei Personen der göttlichen Triade in weiblichen und männlichen Bildern beschrieben werden. Die biblischen Autoren können tatsächlich, wenn auch nicht aus denselben Gründen wie von Eller, als mutig bezeichnet werden.

Obwohl Eller zugibt, daß „alles, was wir über Gott sagen, eine Analogie sein *muß*“, betont er, daß „die Männlichkeit Gottes fester in der Gesamtheit der Schrift verwurzelt ist als irgendeine andere Vorstellung, die man nennen könnte ... Was immer er in sich selbst ist, *für uns* (d. h. für engl. *man*) ist er Ehemann, Vater und König“ (S. 42). Mit dem fortgesetzten Gebrauch des männlichen Personalpronomens drückt Eller selbstverständlich aus, daß Gottes Selbst, was immer es letztgültig sein mag, männlich ist.

Eller setzt fälschlicherweise voraus, daß „eine feministische Grammatik uns verbieten würde, Gott als Mann und folglich auch als Geliebten und Vater zu sehen“ (S. 43). Er müßte eigentlich schon mitbekommen haben, daß es uns christlichen

Feministinnen nie darum gegangen ist, von Gott als Vater oder Geliebtem nichts wissen zu wollen, sondern darum, dabei nicht *stehen* zu bleiben. Wir glauben, daß es eine Einschränkung unserer vollen Humanität bedeutet, die vielgestaltigen biblischen Vorstellungen von Gott und somit auch die mannigfaltigen Aspekte des Verhältnisses zu diesem Gott nicht zu beachten.

Da Eller die biblischen Vorstellungen von Gott als einem Naturphänomen (*es*) oder von Gott als weiblichem Tier oder als Frau (*sie*) übersehen hat, behauptet er, daß Gott „uns nur als seine Geliebte, nur als weibliches Gegenüber zu seiner Männlichkeit angesprochen hat..." (S. 46). Er glaubt, daß der wirkliche Grund für das Interesse an einem Gott „jenseits von Geschlechtlichkeit" darin liegt, „die Unterordnung, die das Bekenntnis zu ihm als Ehemann, Vater oder Herr enthält", zu umgehen. Ellers Wortwahl lüftet den Vorhang ein wenig und zeigt uns ganz kurz die politische Wirkung rein männlicher Gottesbezeichnungen: weil Gott wie ein Ehemann ist, sind Ehemänner Gott gleich. Weil Gott wie ein Vater ist, sind Väter Gott gleich. Alles ist bereit für die Ausbeutung von Mädchen und Frauen!

Aber die Ausbeutungsmöglichkeiten mindern sich erheblich, wenn wir uns aufmachen, die biblischen Bilder zu entdecken, die Gott mit einer Frau oder einer Mutter gleichsetzen und so umgekehrt Frauen und Mütter als gottähnlich darstellen. Wenn nur ein Partner Gott gleich ist, versteht es sich von selbst, daß Dominanz und Unterordnung die dazugehörige Art der Beziehung ist. Wenn beide Partner Gott gleich sind, herrscht Gegenseitigkeit.

Eller nimmt das Leiden jüdischer und christlicher Frauen nicht zur Kenntnis, die eine universale [d. h. Männer und Frauen einschließende] Sprache fordern, weil sie nicht länger ausgeschlossen sein wollen, und behauptet, daß diese Forderung lediglich das Ergebnis einer „subjektiven, anthropozentrischen Befreiungstheologie" sei. Eller zieht eine „objektive, theozentrische Barthsche Theologie" vor. Er nimmt für sich in Anspruch, die „Kleinheit und Trivialität" einer „auf den Menschen beschränkten Welt, von der und für die sie (die feministische Sprache) redete" (S. 56), hinter sich gelassen zu haben.

Wenn ich an den Holocaust denke, bei dem Millionen Menschen Hitlers „höherer Wahrheit" von „rassischer Reinheit" geopfert wurden, schaudert mir vor der Vorstellung, die Menschen seien irgendwie klein und trivial. Der Gott, den ich anbete, ist der von Jesaja (57,15) beschriebene, der „in der Höhe (wohnt), aber ... auch bei den Zerschlagenen und Bedrückten (ist), um den Geist der Bedrückten wieder aufleben zu lassen und das Herz der Zerschlagenen neu zu beleben." Die Aussage, wir liebten Gott, den wir nie gesehen haben, ist eine Lüge, solange wir unseren Brüdern und Schwestern, die wir gesehen haben (1 Joh 4, 20), Hilfe vorenthalten. Zweifellos meint Eller nur, daß er eine „auf den Menschen beschränkte Welt" gering achte, die keinen transzendenten Gott kennt, aber er sollte mit seiner Sprache vorsichtiger sein. Das 20. Jahrhundert ist das große Zeitalter der Märtyrer. Seit Jahrhunderten und besonders in diesem haben Menschen einander entsetzliche Dinge im Namen Gottes oder irgendeiner „höheren Wahrheit" angetan. Wir müssen uns vor der Aussage hüten, daß irgendetwas wichtiger sei als die Weise, in der wir Menschen miteinander umgehen.

Als der National Council of Churches (USA) bekannt machte, daß er eine Sammlung biblischer Texte in einer universalen [d. h. Männer und Frauen einschließenden] Sprache befürwortet habe, erhielt die Kommission für Glauben und Kirchenverfassung innerhalb einiger Monate mehr als 2000 erboste Briefe. Der folgende Brief eines Arztes ist typisch für ihre Stoßrichtung: „Gott ist nicht feministisch, sondern sexistisch. Er wies den Geschlechtern verschiedene Rollen zu und machte die Frau dem Mann untertan – ob uns das gefällt oder nicht. Jesus erwählte sich keine Frau als Jünger. Er wandte sich mit Bedacht und in Übereinstimmung mit der von Gott errichteten Ordnung gegen Frauen. Daher haben Mann und Frau in leiblichem Sinn keinen gleichrangigen Stand vor Gott. Es ist eine Sünde, Menschen zu lehren, ein Selbstbild zu entwickeln, das im Gegensatz zum Wort Gottes steht."[1] Ohne Vernard Ellers Feinsinn und Witz stellt dieser Arzt in groben Zügen die verheerenden Wirkungen einer einseitig auf die Männlichkeit Gottes gerichteten Vorstellungswelt dar.

Demgemäß haben viele die Bibel für menschliche Grausamkeit verantwortlich gemacht. (Robert Burns bezeichnet – in einer Eller entsprechenden Sprache – Grausamkeit als „des Menschen [engl. *man*] Unmenschlichkeit gegenüber dem Menschen".) Weil die meisten Feministen/innen an Bibelauslegungen wie der von Eller und dem Arzt gewöhnt sind, sehen sie die Bibel verständlicherweise als natürlichen Feind aller Frauen. In *Women, Men and the Bible* (Abingdon, 1977) habe ich erörtert, daß bei einer alle Aspekte berücksichtigenden Auslegung das Thema der Gleichheit und Gegenseitigkeit von Mann und Frau das Buch von Anfang bis Ende durchzieht. Im vorliegenden Band will ich direkt die Weise, in der in der Bibel die menschliche Gleichheit und Gegenseitigkeit der Geschlechter unterstützt wird, vertiefend behandeln: nämlich anhand der Bilder von Gott als Frau, die über die heiligen Schriften des Judentums und Christentums verstreut sind.

2

Kurzer Rückblick in die Geschichte

Wenn es in der Bibel tatsächlich Bilder eines weiblichen Gottes gibt, kann man davon ausgehen, daß sie schon vor 1980 aufgefallen sind. Und so ist es tatsächlich auch. Ich will nun eine Periode christlicher Geschichte untersuchen, in der von Gott häufig sowohl in weiblichen als auch in männlichen Begriffen gesprochen wurde. Außerdem werde ich einige der zahlreichen Christen erwähnen, die im Verlauf der Geschichte die Bibel so aufmerksam gelesen haben, daß sie die darin enthaltene weibliche Bilderwelt bemerkt und benutzt haben.

Es erscheint mir naheliegend, bei der Diskussion der spezifisch weiblichen Gottesbilder Zitate verschiedener christlich-orthodoxer Schriftsteller heranzuziehen, die gerade diese Bilder zum Gegenstand haben. Zunächst werde ich daher einfach mit einigen Zitaten allgemeiner Art die Tatsachen skizzieren.

Außerhalb der Bibel findet man einige der frühesten orthodoxen Hinweise auf einen christlichen Muttergott im 2. Jahrhundert in den Schriften des Clemens von Alexandria. In seiner Schrift *Paidagogos* ist fast ein ganzes Kapitel einer mütterlich nährenden Gottheit gewidmet. Für Clemens ist es die mütterliche Seite in Gottes Wesen, die Mitgefühl mit der Menschheit hat. Er sagt: „Durch seine Liebe wurde der Vater zu einem mütterlichen Wesen." Und weiter führt er aus, daß „das Wort (Christus) alles für seine Kleinen ist, Vater und Mutter ..."[1].

Die apokryphen Petrusakten aus dem frühen 3. Jahrhundert spielen auf die weiblichen Bilder Gottes an und gehen dabei von der Gegenseitigkeit zwischen Gott und Menschheit aus. Der folgende Abschnitt ist an Jesus Christus gerichtet:

„Du bist mir Vater, du mir Mutter, du mir Bruder, du mir Freund, du Diener, du Haushalter. Du (bist) das All, und das All (ist) in dir; und du (bist) das Sein, und es gibt nichts anderes, was ist, außer dir allein."[2]

Ähnlich wie Clemens gebraucht auch Johannes Chrysostomos (347–407 n. Chr.) Anspielungen auf Gottes Mutterschaft in den *Homilien zum Evangelium des Matthäus.* In seinen *Taufanweisungen* sagt er: „Genau so wie eine Frau ihre Kinder mit ihrem eigenen Blut und ihrer eigenen Milch nährt, so nährt auch Christus mit seinem eigenen Blut fortwährend diejenigen, die er gezeugt hat." Im Westen spricht zur selben Zeit Ambrosius von „des Vaters Schoß" und sogar von den nährenden Brüsten Christi. Und im frühen 5. Jahrhundert sagt Synesius, der Bischof von Ptolemais in Libyen, von der christlichen Gottheit: „Du bist Vater, du bist Mutter, du bist männlich und weiblich."[3]

Zu denen in der orthodoxen christlichen Tradition, die eins oder mehrere biblische Bilder des weiblichen Gottes verwenden, gehören auch Valentius (2. Jahrhundert), Gregor von Nyssa (um 395), Augustin (gest. 430), Beda Venerabilis (ca. 673–735), Petrus Lombardus (1110–1164), Thomas von Aquin (1225–1274), Bonaventura (1221–1274) und Gregor Palamas (gest. 1359). Die Mystikerin Mechthild von Hackeborn (gest. 1298) bezeichnet alle drei göttlichen Personen als Mütter und erklärt, Christus habe ihr in einem Gespräch direkt mitgeteilt, daß die Liebe Gottes ihre Mutter sei. Zu den anderen Frauen, denen die Tradition eines weiblichen, mütterlichen Gottes gemeinsam ist, gehören Angela von Foligno (1248–1309), Katharina von Siena (1347–1380), Birgitta von Schweden (ca. 1302–1373), Margery Kempe (gest. nach 1415), Juliana von Norwich (gest. nach 1415) und Teresa von Avila (gest. 1582). In *Offenbarungen göttlicher Liebe* hat Juliana von Norwich das Bild einer christlichen weiblichen Gottheit ausführlicher, zentraler und schöpferischer als irgend ein anderer mittelalterlicher Schriftsteller entwickelt.[4]

Aus dieser Aufzählung sollte deutlich werden, daß insgesamt

mehr Männer als Frauen den weiblichen Aspekt innerhalb der Gottheit erkannt haben. Keiner unter ihnen war beeinflußt von einer „subjektiven, anthropozentrischen Befreiungstheologie". Keiner unter ihnen kann beschuldigt werden, daß er versucht habe, „die Unterordnung, die das Bekenntnis (zu Gott) als Ehemann, Vater oder Herr enthält" zu umgehen. Bei der Verwendung der Bilder von Gott als Frau folgten sie ganz einfach dem Sprachgebrauch der Bibel und der Anleitung durch ihr inneres Wissen.

Caroline Walker Bynum hat darauf hingewiesen, daß viele Zisterziensermönche im 12. Jahrhundert „zur Verwendung einer deutlichen und entwickelten mütterlichen Bilderwelt zur Beschreibung Gottes und Christi" neigten. Zu ihnen gehörten Bernhard von Clairvaux (gest. 1153), Aelred von Rievaulx (gest. 1167), Guerric von Igny (gest. um 1157), Isaac von Stella (gest. um 1169), Adam von Perseigne (gest. 1221), Helinand von Froidmont (gest. um 1235) und Wilhelm von Thierry (gest. um 1148). Vermutlich waren sie alle beeinflußt von dem Benediktiner Anselm von Canterbury (gest. 1109), der gerne von „Mutter Jesus" sprach. (Lange vor Anselm hatten jedoch schon Origenes, Irenäus und andere von Christus als Mutter geredet.) Bynum erklärt: „Die Schilderungen von Gott als Frau, welche die Seele an ihrer Brust nährt, ihre Tränen trocknet, ihre kleinen Unartigkeiten bestraft, sie mit Schmerzen gebärt, sind in der mönchischen Literatur des 12. Jahrhunderts Teil einer wachsenden Tendenz, vom Göttlichen in häuslichen Bildern zu sprechen und so seine Erreichbarkeit zu betonen."[5]

Weil die mittelalterliche Theologie davon ausging, daß die Schöpfung in ihrer körperlichen Erscheinung gut sei, haben die Zisterzienser offenbar das Empfinden gehabt, daß „ein Gott, der sowohl Mutter und Mutterleib als auch Vater und Lebensspender ist, ein mitreißenderes und überzeugenderes Bild von der Schöpfung abgibt als ein Vatergott allein".[6] Zugleich hat es den Vorteil, der Bibel mehr zu entsprechen als das ausschließlich männliche Gottesbild.

Bynum hebt hervor, daß „die Anziehungskraft weiblicher

Bilder insbesondere auf Frauen keineswegs selbstverständlich ist, obwohl viele Forscher dies vermuten". Brautbilder gibt es häufiger in Schriften von Mystikerinnen, während Männer sich scheinbar mehr zu verheirateten heiligen Frauen, zur Anbetung der Jungfrau und zur Vorstellung eines mütterlichen Gottes hingezogen fühlen. „So scheinen in gewissem Umfang Männer mehr zu weiblichen und Frauen mehr zu männlichen Bildern hingezogen worden zu sein."[7]

Wenn der Gott, mit dem sich ein Mystiker vereinen wollte, in männlicher Sprache geschildert wurde, war es für ihn schwierig, Metaphern der geschlechtlichen Vereinigung zu gebrauchen. Einige Mönche lösten das Problem, indem sie sich selbst oder ihre Seele als Braut Christi darstellten, andere aber machten aus Gott den weiblichen Elternteil, mit dem sie im Mutterleib oder an der Brust eine körperliche Vereinigung erlangen konnten.[8]

All das scheint die Vermutung nahezulegen, daß der verbreitete Gebrauch einer universalen [d.h. Männer und Frauen einschließenden] Sprache für Gott im christlichen Gottesdienst den Männern mehr noch als den Frauen zugute kommt. Möglicherweise liegt einer der Gründe, weshalb nur wenig Männer regelmäßig in die Kirche gehen, darin, daß sie von der Aufforderung zu vertraulichem Umgang mit einem ausschließlich männlichen Gott abgeschreckt werden. Obwohl christlichen Frauen die psychische Kraft zur Identifikation mit diesem Gott abgesprochen wird (solange sie nicht bereit sind, ihre eigene Weiblichkeit zu verleugnen), sind die meisten Frauen schließlich doch in der Lage zu Vertrautheit mit Gott als Ehemann oder Geliebten zu gelangen, ohne ein inneres, auf sozialen Tabus beruhendes Schaudern zu erleben.

Bynums historisches Beweismaterial liefert uns eine wichtige Warnung im Hinblick auf die gegenwärtigen sozialen Veränderungen: die Verwendung einer beide Geschlechter einbeziehenden Sprache von Gott führt nicht notwendigerweise zur Gerechtigkeit für Frauen in der Gesellschaft oder in der Kirche. Die *Frau* oder das *Weibliche* sind zwei verschiedene Dinge. Die

Frau ist eine Person mit einem bestimmten Geschlecht, wohingegen das Weibliche ein Aspekt einer Person jedweden Geschlechts ist. Daher spielt die Haltung eines Mannes gegenüber dem Weiblichen möglicherweise nur eine geringe Rolle bei seinem Umgang mit bestimmten Frauen. Während er das Weibliche erkundet, konzentriert er sich in Wirklichkeit auf die Verhaltensweisen sich selbst gegenüber und auf das Bedürfnis und die Verpflichtung, gegenüber Männern fürsorglich zu sein. Daher geht die Verwendung weiblicher Bilder in Bezug auf Gott bei den Zisterziensern im 12. Jahrhundert einher mit der Ablehnung, Zisterzienser Nonnen beizustehen und zu helfen. Bernhard von Clairvaux verbindet seine Empfänglichkeit für den mütterlichen Jesus mit völligem Abscheu gegenüber seiner leiblichen Mutter. Er führt dazu die Vorstellung des Hieronymos an, daß ein Mönch, der dem Kreuz folgt, bereit sein müsse, seine gefallenen Eltern mit Füßen zu treten.[9]

Ein anglikanischer Prediger und Dichter des 17. Jahrhunderts liefert uns ein noch dramatischeres Beispiel dafür, wie man biblisch fundierte Aussagen über einen weiblichen Gott mit ungerechtem Verhalten gegenüber wirklichen Frauen verbinden kann. Weil John Donne die Bibel mit dem Scharfblick eines Künstlers gelesen hat, verwandte er in seinen Predigten manchmal Bilder eines weiblichen Gottes. Aber seine eigenen Verhaltensweisen blieben sexistisch, er bewertet Gottes „weibliche" Eigenschaften nicht so hoch wie die „männlichen". Im Zusammenhang mit Überlegungen zum Verhältnis zwischen Gott und Israel sagt er z. B.: „Gott war ihr Vater, und ... auch *ihre Mutter.* Denn ... es war die Rolle der Mutter, sie zu *stillen* und sie *mit zeitlichen Segnungen zu trösten*; es war die Rolle des Vaters, sie zu unterrichten und sie *mit spirituellen* Dingen zu trösten. Gott tat beides reichlich. Daher läßt Gott selbst in Jesaja 49,15 den Vergleich mit einer Mutter zu: ‚*Kann eine Frau ihr Kindlein vergessen?*' Aber er verharrt nicht in diesem geringeren, schwächeren Geschlecht, sondern wendet sich einer stärkeren Liebe als der einer Mutter zu (‚Und selbst wenn sie ihn vergessen würde, ich vergesse dich nicht', sagt Gott.)."[10] Donne anerkennt offen eine weibliche Komponente in der Gottheit, aber er geht davon aus, daß Gott-als-Mutter völlig Gott-als-Vater unterlegen ist. Obwohl Donne gelegentlich einzelne Frauen rühmt, hat er keine Bedenken, die grundsätzliche Unterlegenheit der Frauen gegenüber den Männern zu predigen.

Was heißt das für die Gesellschaft des 20. Jahrhunderts? Sicherlich soviel, daß es nicht ausreicht zu lernen, von Gott in einer Mann und Frau umschließenden Weise zu sprechen, um Gerechtigkeit zwischen den Geschlechtern herzustellen. Donne konnte über einen „femininen", nährenden Aspekt der Gottheit predigen, aber solange die Sorge um das leibliche Wohl als geringer gegenüber der Sorge um das geistige Wohl erachtet wird, werden Männer sich weiterhin Haushalts- und Erziehungsaufgaben entziehen und weiterhin Frauen aus Positionen geistiger Führung ausschließen. Die Jungschen Psychologen, welche die beständigen männlichen und weiblichen Anlagen der Seele unterstreichen, haben sich dem Problem der Werturteile besonders klar zu stellen. Und wir müssen die Mühen auf uns nehmen, uns selbst umzuerziehen hinsichtlich der Gleichwertigkeit von Eigenschaften, die traditionell mit männlich und weiblich bezeichnet werden, wie z. B. die Verbindung von „männlicher" Logik und Licht gegenüber „weiblicher" Imagination und Dunkelheit. In einigen Fällen müssen wir die traditionellen Assoziationen geradewegs ablehnen – wie z. B. die Vorstellung, daß „männlich" die Bedeutung warm (solar) und „weiblich" die Bedeutung kalt (lunar) trägt. Aber wenn wir uns selbst beibringen können, die üblicherweise „weiblich" verstandenen Rollen wahrheitsgemäß auf gleicher Ebene wie die „männlichen" zu bewerten, wird daraus eine Bereicherung der ganzen Menschheit folgen.

Eine universale [d. h. Mann und Frau einschließende] Sprache für Gott ist ein Schritt in diese Richtung. Es ist nur ein Anfang, aber immerhin, es *ist* ein Anfang. Viele religiöse Führer beklagen ihre Unfähigkeit, mehr gegen den Hunger in der Welt, gegen die nukleare Bedrohung und gegen ökonomische und rassische Ungleichheiten tun zu können, ihre eigene Sprache wäre jedoch etwas, was sie unmittelbar beeinflussen könnten. Mit der Anerkennung der weiblichen Gegenwart durch ihre Wortwahl und mit der Verwendung biblischer Aussagen über Gott als Frau könnten sie die Aufrichtigkeit ihrer Verpflichtung zu menschlicher Gerechtigkeit, Frieden und Liebe und dementsprechend zu psychischem und sozialem Wohlergehen demonstrieren.

3

Die Gottheit als gebärende Frau

Am verbreitetsten unter allen biblischen Bildern von einem weiblichen Gott ist das einer mütterlichen Gottheit. Nicht nur vom Schöpfer gibt es Schilderungen, wie er die Schöpfung im Schoß trägt und gebärt, sondern auch Christus und der Heilige Geist werden in ähnlichen Rollen vorgestellt.

Jesaja 42,14 werden Jahwes Schmerzen mit Wehen verglichen. Wie ein Held geht Jahwe gegen unrechte Götzendiener vor und sagt: „Ich hatte sehr lange geschwiegen, ich war still und hielt mich zurück. *Wie eine Gebärende will ich nun schreien,* ich schnaube und schnaufe." (Hervorhebung d. A.) Gottes Schmerz angesichts des menschlichen Versagens, Gerechtigkeit zu verwirklichen, ist machtvoll eingefangen in dem Bild einer Frau, die sich schwer atmend vor Geburtsschmerzen windet. In diesem Bild erscheint Gott denen sehr nahe, die von den Wirrnissen und Leiden der Welt niedergedrückt werden. Aus Gottes Geburtsschmerzen entsteht eine neue Welt, in der die Blinden sicher geführt werden, ihre Finsternis zu Licht gemacht wird (Jes 42,16).

Ein helleres, transzendentes Bild von Gott als Mutter findet sich in Paulus' Rede an den Athenischen Rat auf dem Areopag (Apg 17,26 + 28). Paulus erklärt, daß Gott auf niemanden angewiesen ist, da er allein allen Menschen Leben und Atem gegeben habe. Überdies ist er nicht fern von uns, denn *in* ihm leben wir, bewegen wir uns und sind wir. Obwohl Paulus nicht ausdrücklich davon spricht, ist klar, daß wir außer im Mutterleib nie *in* einem anderen Menschen leben. Darum beschreibt er die gesamte Menschheit – Menschen aller Hautfarben, Religionen, aller politischen und ökonomischen Systeme – als lebend, sich bewegend und seiend im kosmischen Schoß des einen Gottes.

Paulus wird ein solches Bild gewiß nicht als fremdartig empfunden haben, denn durch seine gründliche jüdische Erziehung war er sicher vertraut mit der Vorstellung Gottes als Zeuger und Gebärer in Deuteronomium 32,18: „An den Fels, der dich gezeugt hat, dachtest du nicht mehr, und vergaßest den Gott, der dich geboren hat."[1] Ihm wird auch Ijob 38,28–29 bekannt gewesen sein, wo die beiden Bilder nebeneinanderstehen, wie Gott den Regen zeugt und das Eis aus seinem Schoß hervorbringt. Zweifellos wird er sich erinnert haben, daß es Ijob 38,8 vom Meer heißt, es sprudle ungestüm aus dem Mutterleib hervor. Aus diesem alles umschließenden Schoß hat Gott nicht nur alle Menschen, sondern auch die ganze Schöpfung geboren.

Noch bedeutsamer für die bei Paulus in Apostelgeschichte 17,28 implizierte Mutterleibsvorstellung ist sicher seine Kenntnis davon, daß das hebräische Wort *rachum* oder *racham* – gewöhnlich mit *Erbarmen* wiedergegeben – eng verwandt ist mit dem Wort für Mutterleib (*racham* oder *rechem*). Daher könnten hebräische Bezugnahmen auf Gottes Erbarmen sinnvollerweise mit „Gottes Mutterliebe" übersetzt werden, wie Phyllis Trible es vorgeschlagen hat.[2] Man kann dann Apostelgeschichte 17,28 als Beteuerung verstehen, daß alle Menschen nicht nur im Leib, sondern auch in der sehnsüchtigen „Mutter*liebe*" Gottes existieren.

Vielleicht hatte Jesus all dies im Sinn, als er darauf hinwies, daß sein Leiden am Kreuz die Geburtsschmerzen oder Wehen bei der Hervorbringung der Neuen Menschheit einleite: Er tröstet die Jünger angesichts der Schwierigkeiten, denen sie in der Welt gegenüberstehen werden, mit dem Bild einer Geburt (Joh 16,21). Eine Frau, sagt er, ist bekümmert, wenn ihre *Stunde da ist* und die Wehen beginnen. Aber später wendet sich ihre Not in Freude durch die tatsächliche Ankunft des Kindes. Nach dem Bericht des Johannes begann Jesus wenige Minuten später mit den Worten zu beten: „Vater, *die Stunde ist da*"

(17,1). Welche Stunde? Für Christus, die Mutter, die Stunde der Schmerzen und Not, die Stunde der Geburtswehen.

Paulus verwendet ähnliche Bilder in Römer 8,28: „Denn wir wissen, daß die gesamte Schöpfung bis zum heutigen Tag seufzt und in Geburtswehen liegt. Aber auch wir, obwohl wir als Erstlingsgabe den Geist haben, seufzen in unseren Herzen und warten darauf, daß wir mit der Erlösung unseres Leibes als Söhne offenbar werden." Erlösung wird hier als Geburtsvorgang dargestellt, der sich nicht nur in jedem einzelnen (Mikrokosmos), sondern auch in der Schöpfung als ganzer (Makrokosmos) ereignet. Wenn wir über das Bild im Licht tatsächlicher weiblicher Erfahrung nachdenken, wird uns gegenwärtig, wie beschwert eine Frau sich kurz vor der Geburt fühlt, wie bestrebt sie ist, frei zu werden von ihrer neunmonatigen „Beengtheit". Wir wissen auch, daß Spannung und Anstrengung die Geburt nur schmerzhafter machen und erschweren. Die Grundidee bei der natürlichen Geburt ist, sich zu entspannen, rhythmisch zu atmen und den körperlichen Vorgängen zu folgen. Auf ähnliche Weise werden wir eher Christus gleich, wenn wir lernen, geduldig zu sein mit uns selbst, und wenn wir in Harmonie mit unserem Körper leben, statt ihn zu strafen um dessen willen, was wir für spirituelles Fortkommen halten. Der Körper darf nicht mißhandelt werden, um die Seele zu erfreuen, könnte man mit William Butler Yeats sagen.

Weil Paulus meinte, wir Christen sollten Gottes Mutterschaft bei der Pflege unseres Geistes und in der gegenseitigen Fürsorge widerspiegeln, wandte er ohne Zögern weibliche Bilder auf sich selbst an. An die Christen in Galatien schrieb er: „Für euch, meine Kinder, (erleide) ich von neuem Geburtswehen, bis Christus in euch Gestalt annimmt" (4,19) – eine zweifache Geburtsvorstellung, denn Paulus sagt, daß er wiederholt Geburtsschmerzen leiden müsse, bis Christi Bild in den Galatern voll empfangen sei und Gestalt angenommen habe. Dann erst könnten sie selbst gebären.

Da Paulus die Mutterbilder in Nachahmung der Gott-als-Mutter-Vorstellung gebraucht, überrascht es nicht, daß die Zisterzienser des 12. Jahrhunderts ihre Arbeit in Begriffen der Mutterschaft beschrieben haben. Bernhard von Clairvaux z. B. schärft seinen Prälaten ein: „Lernt, daß ihr Mütter, nicht Herren sein sollt gegenüber denen, die euch anvertraut sind.“[3]

Jesus sprach Johannes 3,6 vom Heiligen Geist als Mutter: „Was aus dem Fleisch geboren ist, das ist Fleisch; was aber aus dem Geist geboren ist, das ist Geist.“ Aus dem Fleisch geboren zu sein heißt, aus einer menschlichen Mutter hervorgegangen zu sein; aus dem Geist geboren zu sein bedeutet, von einer göttlichen Mutter zu stammen. Ähnlich erklärt das Johannesevangelium, daß wer an das *Wort* glaubt, das nicht aus menschlichem Geschlecht geboren ist, selbst „Kind Gottes“ wird oder in anderen Worten „aus Gott geboren“ ist (1,12). Und im ersten Johannesbrief heißt es, daß jeder, der liebt, „von Gott stammt“ (4,7). Solche Abschnitte ermutigen uns, alle Bilder vom „Neu- oder Wiedergeborenwerden“ als Bestätigung der weiblichen Komponente in der Natur Gottes zu sehen. Die Verkündigung, daß die Menschen „wiedergeboren werden müssen“ ist eine Aufforderung, Gottes Mutterleib und die Geburt aus ihm wirklich zu erfahren.

Praktisch bedeutet das die Abwendung von der Ichbezogenheit und die vollkommene Einstimmung in Gottes Willen, so wie ein Fötus sich im Einklang mit der Frau befindet, deren Leben sein Leben trägt. Der große deutsche Mystiker Jakob Böhme beschreibt den Prozeß des Neugeborenwerdens so: „Gleich wie das Fleisch sterben muß, also muß auch das Leben und der Wille der Sünden sterben, und muß werden als ein Kind, das nichts weiß, und ächtzet allein nach der Mutter, die es geboren hat. Also ganz muß eines Christen Wille wieder in die Mutter, als in den Geist Christi, eingehen ...“[4] Diese Mutter, sagt Böhme, ist das Wort Gottes: „Welches Wort unsere ewige Mutter ist, in dero Leib wir gezeugt und ernähret werden ...“[5] Und Böhme seufzt: „Wenn wir nicht halb so viel wußten, und waren viel kindischer, ... und lebten als Kinder einer Mutter, als wie die Zweige an einem Baume, die alle von einer Wurzel stammen, wären wir viel heiliger.“[6]

In der Tat, das Trachten nach heiligem inneren Frieden und nach Frieden auf Erden ist wohl der beste aller Gründe, das biblische Bild von Gott als unserer Einen Mutter neu zu entdekken.

4

Gott als stillende Mutter

Die Bibel schildert Gott als Frau, die uns im Leib trägt, im Akt der Schöpfung und Erlösung hervorbringt und uns in unserer andauernden kindlichen Abhängigkeit nährt. Betrachten wir z. B. Jesaja 49,15: „Kann denn eine Frau ihr Kindlein vergessen, eine Mutter ihren leiblichen Sohn? Und selbst wenn sie ihn vergessen würde: ich vergesse dich nicht." Obwohl in diesem Abschnitt weder ein direkter Vergleich noch eine Metapher verwendet wird, enthält er eine Analogie. Gottes Liebe ist wie die Liebe einer Frau zu ihrem Säugling – doch mit einem Unterschied: anders als es gelegentlich bei menschlichen Müttern vorkommt, daß sie ihre Kinder im Stich lassen, wird Gott seine Kleinen nie vergessen. Damit ist nicht gesagt, daß Mutterliebe eine geringere Art der Liebe ist. Es heißt nur, daß menschliche Liebe nie so beständig, verläßlich und fest sein kann wie die göttliche. Der Vergleich zwischen Gottes Liebe und der Liebe einer stillenden Mutter zeigt deutlich, daß in den Augen des Schreibers die beständigste, verläßlichste und festeste aller Formen menschlicher Sorge die Mutterliebe ist.

In Numeri 11 befindet sich ein ähnliches Bild. Moses wird hier in einer typisch hebräischen Auseinandersetzung mit Gott gezeigt, in der eine in anderen Zusammenhängen nicht übliche Vertrautheit herrscht. Weil Jahwe mit Israel zürnt, klagt Moses: „Warum hast du deinen Knecht so schlecht behandelt, und warum habe ich nicht deine Gnade gefunden, daß du mir die Last mit diesem ganzen Volk auferlegst? Habe denn ich dieses ganze Volk in meinem Schoß getragen, oder habe ich es geboren, daß du zu mir sagen kannst: Nimm es an deine Brust, wie der Wärter den Säugling, ... Woher soll ich für dieses ganze Volk Fleisch nehmen?" (V. 11–13) Moses sagt klar: da Gott die Mutter ist, welche die Kinder Israels empfangen und in die Welt gesetzt hat, muß er sie auch tragen, nähren und für sie Fleisch zum Essen beschaffen. Moses ärgert sich, daß ihm die Last des Ammendienstes aufgeladen wurde! Offensichtlich sieht Jahwe die Berechtigung seiner Klage ein, denn unmittelbar darauf beginnt er, Mose bei der Führung des Volkes zu unterstützen (V. 16 ff.).

Das apokryphe Buch 2. Esra, im 1. Jahrhundert verfaßt, benutzt für Gott ebenfalls das Bild einer Mutter oder Amme: „So sprach der Allmächtige, habe ich euch nicht angefleht wie ein Vater seine Söhne, eine Mutter ihre Töchter und eine Amme ihre Säuglinge, daß ihr mein Volk sein werdet und ich euer Gott sein werde ...?" (1,28–29). Die aneinandergereihten Bilder väterlichen und mütterlichen Sorgens verstärken hier den Ausdruck der Sehnsucht Gottes nach seinen widerspenstigen Kindern.

Das Bild von Gott als Frau, welche die Menschheit an ihrer liebenden Brust nährt, war vor allem bei christlichen Männern besonders beliebt. Clemens von Alexandria z. B. schreibt über „die Milch, die aus dem Vater fließt" und von der „die Sorge bannenden Brust Gottes, des Vaters"[1]. Hier zeigt sich, wie unerträglich die zwitterhafte Bilderwelt ist, die entsteht, wenn religiöse Empfindungen, die mit weiblichen oder mütterlichen Bildern angemessener ausgedrückt werden können, an eine männliche Gottheit gebunden bleiben. Es wäre sicherlich klüger, immer das zum Bild passende Pronomen zu verwenden! Noch besser wäre es, geschlechtsspezifische Pronomen überhaupt zu vermeiden, wenn wir von einem Gott sprechen, der gleichzeitig Mann und Frau und weder Mann noch Frau ist. In einem griechischen christlichen Hymnus z. B., der zu den ältesten uns überlieferten gehört und Clemens von Alexandria zugeschrieben wird, aber dessen Verfasser eigentlich unbekannt ist, kann man folgendes lesen:

Diese deinen Kleinen
Saugen ihre Nahrung
Mit Kindermund,
Sie füllen ihre Seele
Mit geistlicher Würze
Aus den Brüsten des Wortes.[2]

Augustinus spricht ebenfalls von Christus als einer stillenden Mutter und erklärt im einzelnen, was er mit dieser Analogie meint:

> Er, der uns himmlische Nahrung versprochen hat, hat uns mit Milch ernährt und nimmt so Zuflucht zur Zärtlichkeit einer Mutter. Denn gerade wie eine stillende Mutter aus ihrem Körper genau die Nahrung weitergibt, die ansonsten für einen Säugling unbekömmlich ist (das Kleine erhält genau das, was es (er oder sie) am Tisch zu sich nähme, aber die durch den Körper vermittelte Nahrung ist dem Kind angepaßt), so kam unser Herr zu uns in Fleisch und Blut gehüllt, um seine Weisheit in Milch zu verwandeln.[3]

Auch die Mystikerin Teresa von Avila verwendet das Bild des Stillens. In ihrer Schrift *Seelenburg* erläutert sie: „Denn aus diesen göttlichen Brüsten, mit denen Gott scheinbar die Seele fortwährend erhält, fließen Ströme von Milch zur Stärkung aller Menschen ...“[4] Diese und ähnliche Zitate zeigen, daß für viele durchaus orthodoxe Christen die neutestamentlichen Aussagen über „Milch“ sich auf die von Gott oder Christus gespendete Muttermilch beziehen. Anhand von 1 Petr 2,2–3, einem der ausführlichsten Belege, läßt sich zeigen, daß diese Deutung richtig ist: „Verlangt, gleichsam als neugeborene Kinder, nach der unverfälschten, geistigen Milch, damit ihr durch sie heranwachst und das Heil erlangt. Denn ihr habt erfahren, wie gütig der Herr ist.“ Da zu biblischen Zeiten alle Kinder an der Brust aufgezogen wurden, ist in diesem Abschnitt eindeutig ein Bild von Christus, der die neugeborenen Christen nährt, enthalten.

Laut Johannes 7,37–38 rief Jesus am Ende des Laubhüttenfestes dem Volk zu: „Wer Durst hat, komme zu mir, und es trinke, wer an mich glaubt." Und Johannes setzt erläuternd hinzu: „Wie die Schrift sagt: aus seinem Innern werden Ströme von lebendigem Wasser fließen." Zwar wird ein männliches Personalpronomen gebraucht (*sein* Inneres), dennoch ist klar, daß es Gottes Brust ist, aus der lebendiges Wasser strömt, und mit ihm setzt sich Jesus in eins, als er die Gläubigen einlädt, *von seinem eigenen Leib* zu trinken. Das in Johannes 7,38 verwendete Wort *koilia* heißt „hohler Platz" und bezeichnet gewöhnlich den oberen Teil der Leibeshöhle. Daher kann es entsprechend mit „Brust" übersetzt werden. Viele Übersetzer sind davor zurückgeschreckt, ein mütterliches Bild auf Jesus anzuwenden, aber Johannes selbst schien ihre Bedenken nicht zu teilen.[5]

Häufig haben christliche Schriftsteller ausgehend von Texten wie Johannes 6,54–55 die Muttermilch mit dem Blut Christi gleichgesetzt: „Wer mein Fleisch ißt und mein Blut trinkt, hat das ewige Leben ... Denn mein Fleisch ist wirklich eine Speise, und mein Blut ist wirklich ein Trank." Ein ganz typischer Abschnitt aus Johannes Chrysostomos' Werk *Taufinstruktionen* veranschaulicht, daß diese Stellen als mütterliche Bilder begriffen wurden: „Habt ihr gesehen, mit welcher Nahrung er uns nährt ... Wie eine Frau ihre Kinder mit ihrem Blut und ihrer Milch ernährt, so nährt Christus fortwährend die mit seinem Blut, die er gezeugt hat."[6] Demgemäß wird die Eucharistie oder heilige Kommunion zu einem Mahl an der Mutterbrust Gottes.

Guerric von Igny sprach vom Heiligen Geist als von der Milch, die aus den Brüsten Christi ströme und durch die der Peiniger Saulus zu Paulus, der Mutter, wurde: „Der Henker wurde Nährmutter ... sein ganzes Blut wurde in süße Milch verwandelt ..."[7] Diese Anspielung auf Paulus entspricht – wie wir vorher gesehen haben – den Geburtsvorstellungen, die Paulus auf sich selbst anwendet. Im 1. Thessalonicherbrief 2,7–8 führt Paulus den Vergleich sogar noch deutlicher aus: „Wie eine Mutter für ihre Kinder sorgt, so waren wir euch zugetan und wollten euch nicht nur am Evangelium Gottes teilhaben lassen, sondern auch an unserem eigenen Leben; denn ihr wart uns sehr lieb geworden." Paulus' Beschreibung seiner eigenen mütterlichen Tätigkeiten als Mühe und Plage bei Tag und bei Nacht bezeugt, daß er die Situation einer durchschnittlichen Mutter sehr genau beobachtet hatte.

Zu den biblischen Stellen, die als Bilder des Nährens verstanden wurden, gehören Psalm 34,9 („Kostet und seht, wie gütig der Herr ist.") und Hosea 11,4: „Ich war für sie wie die (Eltern), die den Säugling an ihre Wangen heben. Ich neigte mich zu ihm und gab ihm zu essen." Der interessierte Leser wird sicher gern allen anderen Stellen nachgehen, an denen in der Bibel und in den anderen orthodoxen christlichen Schriften Gott als nährende Mutter dargestellt wird. Doch es würde zu weit führen, sie alle hier aufzuzählen. Die bloße Fülle dieser Anspielungen war für jemand wie mich ein Schock. Denn ich bin in einer protestantischen Tradition erzogen worden, in der mütterliche Bilder für Gott völlig unterdrückt worden sind. Trotz unserer erklärten Unterordnung unter das Wort der Bibel (gemäß dem *sola scriptura* des Reformators) gab es offensichtlich eine Menge von Vorstellungen, die wir ausließen. Viele davon gehörten zu der warmen, vertraulichen, gefühlvollen Bildwelt eines innerweltlichen, mütterlichen Gottes. Denn natürlich waren wir auf die reine Lehre ausgerichtet – wie ein Witzbold es einmal beschrieb: „Klar wie Eis und gerecht wie die Kälte."

Die Mutter, die ihr Kind nährt, ist auch verantwortlich für seine Entwöhnung. Sie sollte ihm helfen, unabhängig in der Welt zu werden und von der Milch zum Fleisch übergehen zu können (wie es in Num 11 heißt). In Psalm 131,1–2 wird das Bild des Entwöhnens breiter ausgeführt: „Ich gehe nicht um mit Dingen, die mir zu wunderbar und zu hoch sind. Ich ließ meine Seele ruhig werden und still; wie ein kleines Kind bei der Mutter ist meine Seele still in mir."

Dieser Psalm ist meines Erachtens außerordentlich bedeutsam für die Aktivisten in der jüdisch-christlichen Tradition.

Wenn wir eine Auszehrung vermeiden wollen, dürfen wir nicht versuchen, *alles* zu tun („... Dinge, die mir wunderbar und zu hoch sind ..."). Wir müssen uns auf das beschränken, wozu uns unsere besonderen Begabungen befähigen und wozu unsere Kraft reicht. Und wir müssen uns die Ruhe nehmen, die unsere Seele ruhig und still werden läßt. Obwohl wir durch die Übernahme von Verantwortung für die Welt um uns herum gezeigt haben, daß die Entwöhnung zumindest teilweise abgeschlossen ist, sollten wir uns die Zeit nehmen, im Schoß Gottes, unserer Mutter, auszuruhen. Wenn wir weiterhin tätig und erfolgreich sein wollen, müssen wir die Verbindung zu dem Teil unseres Inneren wahren, der trotz der Unruhe in der Welt ruhig und still und so zufrieden wie ein entwöhntes Kind ist.

5

Andere mütterliche Aspekte Gottes

Die Bilder vom gebärenden und nährenden Gott, die auf biologischen Voraussetzungen beruhen, sind unmißverständlich weiblich. Andere biblische Bilder von Gott, die wiedergeben, wie er für die in Abhängigkeit befindliche Menschheit sorgt, beruhen auf festgelegten Geschlechterrollen. Das heißt, diese Aufgaben *könnten* auch von Vätern oder Männern wahrgenommen werden und *werden* auch manchmal in unserer Kultur von Männern übernommen. Aber die Geschlechterrollen in biblischen Zeiten ordneten diese Tätigkeiten ausschließlich dem Bereich der „Frauenarbeit" zu. Gott als Frau zu beschreiben ist daher die eigentliche Absicht dieser Bilder.

Mit der Hervorhebung der Bilder, die Gott als immerwährend für seine Kinder sorgend schildern, beabsichtige ich natürlich nicht, die Väter zu entmutigen, mehr Verantwortung beim Aufziehen der Kinder zu übernehmen. Eigentlich sollte sogar die umgekehrte Wirkung eintreten. Wenn dargestellt werden kann, wie Gott „minderen" weiblichen Betätigungen beim Aufziehen der Kinder nachgeht, dann sollte sich wirklich kein Mensch zu gut dafür sein, sich zu solchen Aufgaben ebenfalls „herabzulassen". Je häufiger diese Bilder verwendet werden, desto eher werden die Tätigkeiten im Zusammenhang mit der Sorge um die Kinder vielleicht als das beurteilt, was sie wirklich sind – oft schwierig, aber immer ein würdiges Privileg und eine wichtige Verantwortung.

Hosea 11,1–4 beschreibt unverkennbar, wie Gott sich um ein schwieriges und ungehorsames Kind kümmert: „Als Israel jung war, gewann ich ihn lieb, ich rief meinen Sohn aus Ägypten. Je mehr ich sie rief, desto mehr liefen sie weg ... Ich war es, der Efraim gehen lehrte, ich nahm ihn auf meine Arme. Sie aber haben nicht erkannt, daß ich sie heilen wollte. Mit menschlichen Fesseln zog ich sie an mich, mit den Ketten der Liebe." Es ist nur billig, in diesen Zeilen die Arbeit gewürdigt zu finden, die Frauen jahrhundertelang getan haben – ebenso wie die geduldige, sehnsuchtsvolle Zärtlichkeit ihrer Mutterliebe.

In einem faszinierenden Abschnitt des Buches Hiob werden Bilder aus dem häuslichen Bereich gebraucht, um Gottes Beziehung zum Meer einzufangen. Jahwe spricht mit Ijob aus dem Herzen des Wirbelwinds:

Wer verschloß das Meer mit Toren
  als schäumend es dem Mutterschoß entquoll,
als Wolken ich zum Kleid ihm machte
  ihm zur Windel dunklen Dunst,
als ich ihm ausbrach meine Grenze
  ihm Tor und Riegel setzte,
und sprach: Bis hierher darfst du und nicht weiter,
  hier muß sich legen deiner Wogen Stolz? [Ijob 38,8–11]

Wer schon einmal einen vor Energie sprühenden Kleinen angezogen, ein zappelndes und strampelndes Kind gewickelt hat, ein wißbegieriges Kleinkind durch Hindernisse vor Verletzungen bewahrt oder sich mit einem Laufstall abgemüht hat, sollte dieses verwunderliche Bild verstehen. Gott Mutter bringt nicht nur das Meer hervor, sondern kleidet es in Wolken, wickelt es in dunklen Dunst, errichtet unüberwindliche Hindernisse und sperrt es in einen riesigen Laufstall mit verriegeltem Tor!

Viele biblische Bilder zeigen Gott als den, der seine Menschenkinder trägt, füttert, schützt, heilt, führt, bestraft, tröstet, wäscht und kleidet. Einige Beispiele müssen genügen:

Jahwe sagt in Jesaja 46,3–4: „Hört auf mich, ihr vom Haus Jakob ... die mir aufgebürdet sind vom Mutterleib an, die von mir getragen wurden, seit sie den Schoß ihrer Mutter verließen. Ich bleibe derselbe, so alt ihr auch werdet ..." An anderer Stelle spricht Jahwe: „Ich gieße reines Wasser über euch aus, dann werdet ihr rein. Ich reinige euch von aller Unreinheit" (Ez 36,25). Da den Frauen damals wie heute die meisten Reinigungsarbeiten abverlangt werden, schwingen in den Aussagen darüber, daß wir von Sünde gereinigt werden, Obertöne von Gottes Mutterschaft mit.

Da die Frauen auch für die Herstellung der Kleidung ihrer Familien verantwortlich waren, können wir in Genesis 3,21 weibliche Anspielungen erkennen: „Gott, der Herr, machte Adam und seiner Frau Röcke aus Fellen und bekleidete sie damit." Ijob 10,10–12 spielt auch auf das Weben von Tuchen an und beschreibt die Schöpfung des Menschen durch Gott mit einem Vergleich zu eindeutig weiblichen Tätigkeiten: „Hast du mich nicht ausgegossen wie Milch, wie Käse mich gerinnen lassen? Mit Haut und Fleisch hast du mich umkleidet, mit Knochen und Sehnen mich durchflochten. Leben und Huld hast du mir verliehen, deine Obhut schützte meinen Geist." Die bekannte Äußerung in Lukas 18, daß Gott, der die Blumen auf dem Feld kleidet, auch uns kleiden werde, ist ebenfalls eine Anspielung auf mütterliches Tun; ebenso die Feststellung, daß Christus selbst unser Gewand wird, wenn wir getauft sind (Gal 3,27). Daraus ergibt sich, daß ein universaler [d.h. Mann und Frau einschließender] Gebrauch des Namens Gottes zu einem äußerst wünschenswerten Ergebnis führt, nämlich zur wachsenden Solidarität der gesamten menschlichen Familie als der Kinder des einen Gottes Vater/Mutter im Himmel. Denn es wird uns gesagt, daß die neue Menschheit – dereinst angetan mit dem Gewand Christi – „keine Unterschiede (mehr kennen wird) zwischen Juden und Griechen, Sklaven und Freien, Mann und Frau" (V. 28).

Das Tränenabwischen (Offb 21,4) ist nach traditionellem Verständnis eine Angelegenheit der Frauen. An Jesaja 66,13 wird deutlich, daß im Trösten oft das Vorhandensein von Gottes mütterlichem Aspekt sichtbar wird; so verheißt Jahwe: „Wie eine Mutter ihren Sohn tröstet, so tröste ich euch". Noch einmal möchte ich betonen, daß mit der Wiederentdeckung des Weiblichen in diesen Bildern nicht beabsichtigt ist, Stereotype wie Frauen seien sanft und Männer hart und kalt, zu bestärken. Die Absicht ist vielmehr, mit der Aufdeckung der weiblichen Komponente in dem angeblich männlichen Gott der Bibel beide, männliche und weibliche, Bestandteile jedes menschlichen Wesens zu bestätigen und neben den Leistungen der Männer die Arbeit zu würdigen, die Frauen durch Jahrhunderte getan haben.

In der Weisheit Salomos, einem wunderschönen Buch aus dem 1. Jahrhundert vor Christus, das mehrere Abschnitte des Neuen Testaments beeinflußt hat, wird die Speisung Israels durch Gott in der Wüste so geschildert, als ob von einer nachsichtigen – beinahe kindischen – Mutter die Rede ist.

> „Dein Volk dagegen nährst du mit der Speise der Engel,
> und unermüdlich gabst du ihm fertiges Brot vom Himmel.
> Deine Gabe gewährte jeden Genuß und entsprach jedem Geschmack;
> sie offenbarte deine zarte Liebe zu deinen Kindern.
> Sie erfüllte das Verlangen eines jeden, der sie genoß, und verwandelte sich in alles, was einer wollte." (Weisheit Salomos 16,20–21)

Die Mystikerin Hadewijch, Mitglied der Beginen, einer Frauenbewegung des 13. Jahrhunderts, benutzt zur Beschreibung Gottes in Begriffen der Liebe ein ähnliches Bild vom Himmelsbrot. Liebe ist für sie eine höfische Dame, der eine männliche Menschheit Gehorsam leisten muß wie ein höfischer Liebhaber seiner Erwählten:

> Ihr Name ist *a-mor,* „befreit vom Tod" –
> Derjenige, den die Liebe berührt, kann nicht sterben –
> Ihr Name ist *a-mor,* „befreit vom Tod" –
> Wenn er getan hat, was die Liebe befahl
> Und in nichts darin gefehlt hat.
> Sie ist das Wohl aller Dinge;
> Liebe ist das *lebendige Brot*
> und hat vor allem einen süßen Geschmack.[1]

In dem umfangreichen Werk *Offenbarungen der göttlichen Liebe* von Juliana von Norwich ist ein großer Teil der vierzehnten Offenbarung der Entwicklung folgender Vorstellung gewidmet: „So ist Gott der Allmächtige unser Vater in der Schöpfung. Und der allweise Gott ist unsere Mutter, samt der Liebe und Güte des heiligen Geists. Es ist aber alles *ein* Gott und *ein* Herr.“[2] Sie führt weiter aus, daß „die zweite Person der Dreieinigkeit, die unsere Mutter schon dem geistigen Wesen der Natur nach ist, ... auch unsere Mutter nach dem sinnenfälligen Teil aus Barmherzigkeit ist, indem sie unsere sinnenfällige Gestalt annahm.“ (S. 139) Indem Juliana darauf besteht, daß „unsere Menschlichkeit aber ... nur in der Zweiten Person, Christo Jesu“ (S. 140) ist, wirft sie ein Licht auf einen wichtigen Vorteil der Wiederentdeckung biblischer Bilder von Gott als Frau. Die Überbetonung von Gottes „Männlichkeit“ bedeutet herkömmlich die Überbetonung des Abstrakten und Transzendenten. Gottes „Weiblichkeit“ zu bejahen heißt, unsere eigene Menschlichkeit, unsere Körperlichkeit, das was Juliana „sinnenfällige Gestalt“ nennt, zu bejahen. Indem „Jesus die Mutter“ Fleisch wurde, brachte er unsere Menschlichkeit in die Gottheit ein.

Juliana beschreibt Christus als unsere Gebärerin in Schöpfung, Inkarnation und Erlösung. Jesus nährt uns auch mit seinem eigenen Leib und „in Mütterlichkeit (dient er uns) in allen Dingen“ (S. 142). Juliana beschreibt das sehr genau:

> Die Mütterlichkeit zeigt sich in Liebe, Weisheit und Kenntnis.
> Und Gott ist die Mütterlichkeit ...
> Die gütige, liebevolle Mutter, die die Not ihres Kindes weiß und kennt, die erhält es auch voller Zärtlichkeit. Und wenn es älter und größer wird, dann ändert sie auch ihr Wirken für das Kind; aber nie ändert sie ihre Liebe. Und wenn es dann noch älter geworden ist, dann läßt sie zu, daß es gezüchtigt wird und wir unter unseren Sünden zusammenbrechen; denn dadurch werden wir bereit gemacht, Tugenden und Gnade zu empfangen. Dieses und

alles andere, was da schön und gut ist, wirkt Gott durch Jesum.

So ist Christus unsere Mutter ...

Auch wir sollen so demütig sein wie das Kind und sprechen:

Meine gütige Mutter, meine gnadenreiche Mutter, meine teure, liebe Mutter, habe Erbarmen mit mir!

Die süßen, freundlichen Hände unserer Mutter sind immer voll Eifer für uns tätig; denn er ist wie eine liebevolle Pflegerin, die nur für das Heil ihres Kindes zu sorgen hat. (S. 144, 146, 147)

Auf der Grundlage ihrer Visionen und Offenbarungen versichert Juliana, daß Christus von uns will, daß wir etwas über Gottes Muttersein (S. 144) wissen, so daß unsere Liebe ganz an Gott haftet. Das allein reicht als Grund aus, die biblischen Bilder von Gott als Mutter herauszufinden und bekanntzumachen.

6

Gott als Geburtshelferin

Zu biblischen Zeiten konnte eine Frau nur als Hebamme eine anerkannte berufliche Stellung erlangen. Das erste Kapitel des Buches Exodus gibt uns einen kurzen Eindruck von ihrer Tätigkeit. Zwei hebräische Hebammen, Schifra und Pua, standen den hebräischen und ägyptischen Frauen gewöhnlich bei ihren Entbindungen bei. Nur wenige unter uns haben schon von Schifra und Pua gehört. Ihre mutigen Taten wurden wie die vieler anderer tapferer Frauen nicht ausreichend anerkannt. Sie haben ihr Leben aufs Spiel gesetzt, indem sie sich den Anordnungen des Königs von Ägypten widersetzten, jeden neugeborenen hebräischen Knaben zu vernichten. Ohne ihren beherzten Einsatz wäre Moses bei seiner Geburt getötet worden; und ohne Moses wäre Israel nicht aus der ägyptischen Knechtschaft befreit worden. Mehr noch, diese Frauen zeigten Scharfsinn und Klugheit in ihren Verhandlungen mit dem König. Als der Pharao sie fragte, warum sie eigentlich die hebräischen Knaben nicht, wie er befohlen hatte, töteten, zeigten sie ihm nicht ihren begründeten Ungehorsam. Denn das hätte unweigerlich ihren Tod und damit das Ende ihrer nützlichen Tätigkeit bedeutet. Stattdessen sagten sie nur: „Bei den hebräischen Frauen ist es nicht wie bei den Ägypterinnen, sondern wie bei den Tieren: Wenn die Hebamme zu ihnen kommt, haben sie schon geboren.“ Für diese wohlüberlegte List und ihre Achtung vor Gott und dem menschlichen Leben wurden die Hebammen mit eigenen Kindern belohnt.

An mehreren Stellen der hebräischen Schriften wird Gott mit einer Geburtshelferin verglichen. In Jesaja 66 wird Zion als eine

Frau geschildert, die Söhne zur Welt bringt, um die Feinde zu vernichten. Gott ist die Hebamme, die bei dieser schnellen, leichten Geburt anwesend ist: „Hätte ich ihr etwa den Schoß öffnen sollen, ohne sie gebären zu lassen?, spricht der Herr. Sollte ich, der die Frauen gebären läßt, ihnen den Schoß verschließen?, spricht dein Gott." Gott leitet daraufhin „Frieden wie einen Strom" zu der Frau genannt Zion und fordert ihre Säuglinge auf: „Saugt euch satt an ihrer tröstenden Brust, trinkt und labt euch an ihrem mütterlichen Reichtum!" Gottes Hilfeleistungen gegenüber Zion gleichen dem, was eine Hebamme nach der Geburt tut. Sie säubert das Neugeborene und die Mutter, dann legt sie es zum Stillen an deren beruhigende Brust.

Ein ähnliches Bild befindet sich in Psalm 22,10–11. Der Psalmist wendet sich dort an Jahwe, weil er sich von Gott verlassen und von den Menschen verhöhnt fühlt. Und er klagt: „Du bist es, der mich aus dem Schoß meiner Mutter zog, mich barg an der Brust der Mutter. Von Geburt an bin ich geworfen auf dich, vom Mutterleib an bist du mein Gott." Da der Psalm mit den Worten beginnt, die Christus am Kreuz ausgerufen hat („Mein Gott, mein Gott warum hast du mich verlassen?"), und viele quälende Einzelheiten enthält, welche die Kreuzigung treffend beschreiben, nimmt das Bild von der Hebamme eine zusätzliche Schärfe an. Wir können uns vorstellen, daß Jesus zur Stunde seiner eigenen qualvollen „Geburtswehen" am Kreuz versucht hat, sich selbst zu trösten, indem er daran dachte, daß Gott die Hebamme gewesen war, die ihn aus dem Leib seiner eigenen Mutter herausgezogen hat. Da Gott „vom Mutterleib an" bei ihm war, hat sich Jesus ebenso wie der Psalmist vermutlich zu der Hoffnung berechtigt gefühlt, daß Gott nicht „abseits" stehen würde, wenn „niemand da ist, der hilft". Erinnern wir uns, daß in Johannes 16,21 und 17,1 Jesus zwischen seiner Todesangst und den Geburtsleiden einer Frau eine Ähnlichkeit festgestellt hat. Das veranlaßt uns zu der Vermutung, daß mit der Verlassenheit, über die Jesus klagt, die Abwesenheit der Geburtshelferin gemeint ist, die ihm bei der Geburt beigestanden hat. Gott als Hebamme hatte sich scheinbar von Jesus entfernt, der bei der Bemühung, die Neue Menschheit hervorzubringen, Qualen litt.

Wahrscheinlich handelt es sich auch bei Römer 8,26–29 um ein Hebammenmotiv, obwohl es nicht offen ausgesprochen, sondern eher stillschweigend vorausgesetzt wird. Im Kontext ist die Rede davon, daß die gesamte Schöpfung „... seufzt und in Geburtsschmerzen liegt", und daß jeder einzelne Christ ebenfalls in seinem Herzen seufzt und darauf wartet, daß sein Leib von seiner Bürde „erlöst" werde.

In diesem Zusammenhang wird uns gesagt: „... der Geist selber tritt jedoch für uns ein mit Seufzen, das wir nicht in Worte fassen können. Und Gott, der die Herzen erforscht, weiß, was die Absicht des Geistes ist: Er tritt so, wie Gott es will, für die Heiligen ein." (26b–27)[1] Mit Hilfe der Geburtsvorstellungen erhalten wir ein konkretes Bild von dem, was beim Beten geschieht. Wenn wir vergleichbar einer gebärenden Frau ins Stocken geraten und zu schwach sind, das Kind „Gebet", das wir an Gott richten wollen, aus uns herauszulassen, greift der Heilige Geist wie eine Geburtshelferin ein und verhilft uns zu einer befriedigenden Entbindung.

Das Bild der Geburtshelferin bereichert auch den unmittelbar auf diese Ausführungen folgenden Abschnitt: „Wir wissen, daß Gott bei denen, die (Gott) lieben, alles zum Guten führt, bei denen, die nach (Gottes) ewigem Plan berufen sind; denn alle, die (Gott) im voraus erkannt hat, hat (Gott) auch im voraus dazu bestimmt, an Wesen und Gestalt (Gottes) Sohnes teilzuhaben, damit dieser der Erstgeborene von vielen Brüdern (und Schwestern) sei."[2] Die männlichen Pronomen der Übersetzung haben uns vielleicht davon abgehalten zu sehen, daß dieser großartige Abschnitt die im letzten Absatz angesprochenen Geburtsvorstellungen und den unausgesprochenen Vergleich mit der Hebamme fortführt. Nichts könnte vollkommener die Zusammenarbeit, ja sogar die gemeinsame Schöpfung abbilden, als die menschliche Mutter, die darum ringt, die neue Natur hervorzubringen, und die göttliche Hebamme, die ihr auf jede erdenkliche Weise hilft. Paulus greift V. 29 auf das Bild der Familie zurück, indem er von Jesus sagt, er sei der erstgeborene oder älteste unter den zweimal geborenen Mitgliedern der neuen Menschheit.

In Galater 5,22 werden wir Christen aufgefordert, die Frucht oder Nachkommen des Heiligen Geistes hervorzubringen: Liebe, Freude, Frieden, Langmut, Freundlichkeit, Güte, Treue, Sanftmut und Selbstbeherrschung. Dieser Geburtsvorgang übersteigt die Fähigkeiten des menschlichen Ich, wenn es von der Kraft seiner ewigen Quelle getrennt ist. Aber wir können uns immer auf die Unterstützung der göttlichen Hebamme verlassen und uns in dem Gefühl der Sicherheit, daß sie alles zum Guten wendet, ausruhen.

7

Die Schechina

Das Wort *Schechina* leitet sich von der hebräischen Wurzel *shkn* ab, was „wohnen" bedeutet. Der Begriff *Schechina,* der weiblich ist, wurde von jüdischen Rabbis im 1. oder 2. Jahrhundert vor Christus benutzt, um auf Gottes Anwesenheit unter den Kindern Israels hinzudeuten. Vergleichbar anderen weiblichen Begriffen wie Heiliger Geist (*ruach hakodesh*), Stimme (*bath kol*), Lehre (*torah*), Erbarmen oder „Mutterliebe" (*racham*), Weisheit (*hokhma*) und Gemeinde Israels (*knesseth yisrael*) umschreibt *Schechina* den sichtbaren Ausdruck oder die Anwesenheit der Herrlichkeit Gottes inmitten der Schöpfung.

Raphael Patai legt dar, daß sowohl in der hebräischen wie auch in der aramäischen Sprache das Geschlecht eines Subjekts eine wesentlich größere Rolle spielt als in den indo-europäischen Sprachen, zu denen unsere eigene gehört. Während im Englischen der Satz „Die Schechina stand auf und sagte" ohne Anspielung auf eine geschlechtliche Konnotation gehört werden kann [der Artikel ‚the' ist geschlechtsunspezifisch], unterstreichen in den semitischen Sprachen auch die Verben (hier: aufstehen und sagen) die Weiblichkeit der weiblichen Nomens *Schechina,* denn Nomen, Verben und Adjektive haben alle voneinander unterschiedene männliche und weibliche Formen. Obwohl die jüdischen Namen für Gott hauptsächlich männlich sind und jede Aussage über Gott oder jedes ihn näher bestimmende Adjektiv seine Männlichkeit durch entsprechende grammatische Formen bekräftigt, „wird (die Schechina) in ihrer Weiblichkeit in den talmudischen Quellen als eine Art weiblicher Manifestation der Gottheit betrachtet."[1]

Patai schrieb sein Buch *The Hebrew Goddess* vor 1967, bevor durch das gegenwärtige feministische Interesse Bilder von Gott als Frau in der Geschichte und in der Bibel wiederentdeckt wurden. Er schrieb, ohne sich der Einseitigkeit einer Sicht bewußt zu sein, welche die Männlichkeit Gottes gegenüber einer weiblich vorgestellten Menschheit betont. Er versichert einfach als ein gelehrter Anthropologe: „Aus der Sicht des traditionellen Judaismus ist es völlig unmöglich zu sagen, daß Gott entweder männlich oder weiblich ist ..." (S. 8). Patai kennt die Auffassung jüdischer und christlicher Theologen, daß männliche Anthropomorphismen wie „Herr der himmlischen Heerscharen", „Herr der Welt" und „Vater im Himmel" kein Hinweis darauf sind, daß an die Männlichkeit Gottes im wörtlichen Sinn geglaubt wurde. Die menschliche Vorstellung braucht sie einfach als Symbole. Zugleich aber weiß Patai um die machtvolle Wirkung von Bildern: „Keine Lehre über die übernatürliche, unfaßliche oder transzendente Natur der Göttlichkeit konnte in der Folge das frühe Gedankenbild von der Männlichkeit Gottes (die von männlichen Bezeichnungen wie Vater und König herrührte) auslöschen" (S. 8).

Patai bewundert den Judaismus wegen der Schöpfung des in der Welt einzigartigen Symbols und Bildes von Gottes Vaterschaft. Aber als vergleichender Religionswissenschaftler merkt er an, daß „die Menschen, so sehr sie ein Vaterbild brauchen, ein ebenso großes oder womöglich größeres Verlangen nach einem anderen Symbol (haben), nämlich nach dem einer göttlichen Frau, die in vielen verschiedenen Formen überall in der Welt erscheint, aber im Grunde überall gleich ist" (S. 9). Er betrachtet die Vorstellung von der Schechina, Gottes weiblicher Erscheinung in dieser Welt, als eine Entwicklung, die aus der jüdischen Sehnsucht nach einer göttlichen Mutter entstanden ist.

Zwar kommt das Wort *Schechina* nicht in der Bibel vor, aber selbstverständlich gibt es die Vorstellung. In Exodus 24,16–18 wurde die Wolke, die das verzehrende Feuer auf dem Berg Sinai umhüllt, als Schechina verstanden. In Exodus 33,7–11 steigt Jahwe in einer Wolke herab, um mit Moses im Offenbarungszelt zu reden. Und in Exodus 40 wurden sowohl die Wolke, die am Tag auf dem Offenbarungszelt lag, als auch das Feuer, das nachts an ihre Stelle trat, als Schechina verstanden. Sobald das Wolkenkissen sich vom Offenbarungszelt abhob, wußte das Volk, daß Gottes Erscheinung oder Schechina es auf seinem Weg durch die Wüste weiterführte.

Die Schechina wurde in engen Zusammenhang mit der „Herrlichkeit Gottes" gebracht, so etwa in Ezechiels Feststellung, daß er „die Erscheinung der Herrlichkeit des Herrn" gesehen habe. Der Targum Onkelos, eine aramäische Fassung des Pentateuch, entstanden um 100–130 nach Christus, ersetzt in Deuteronomium 12,5 „Name" mit „Schechina", folglich lautet der Text: „... sondern ihr sollt nach der Stätte fragen, die der Herr, euer Gott, aus allen euren Stammesgebieten auswählen wird, indem er dort ‚die Schechina' anbringen läßt. Nach ... der Wohnung ‚der Schechina' sollt ihr fragen ..." Ebenso setzt er die Schechina in eins mit dem Engel in der Geschichte von Hagar (Gen. 16,7 ff.) und mit dem Angesicht Jahwes in Numeri 6,25 und Deuteronomium 31,18. Die Haggadah, der nicht gesetzliche Teil der rabbinischen Schriften, identifiziert die Schechina mit Gottes Rede an Moses aus dem brennenden Busch, mit dem Tempel Salomos, mit der Synagoge und mit den Gerechten selbst.[2]

Es ist bezeichnend, daß auch die Schechina wie andere weibliche Begriffe im Bezug auf Gott hauptsächlich Jahwes Immanenz, die göttliche Nähe zur Menschheit und sein Zusammenwirken mit ihr beschreibt. Während die männliche Rede von Gott das abstrakte, immerwährende, feststehende, transzendente Wesen Gottes betonte, mußten die weiblichen Begriffe eher Gottes alltägliche, menschenähnliche und persönlich-gefühlsbetonte Eigenschaften ausdrücken. Obwohl die Vorstellung der Schechina ursprünglich als Umschreibung zum Schutz für Jahwes transzendente Heiligkeit entwickelt worden war, fühlen heute viele von uns ein so großes Verlangen nach Gottes Gegenwart innerhalb der menschlichen Erfahrung, daß wir die

Entwicklung dieser Deutung aus anderen Gründen dankbar begrüßen. Rabbi Eliezer (3. Jahrhundert) reflektiert beides, Schutz für Gottes Transzendenz und Stolz auf Gottes Immanenz, wenn er sagt: „Was gemeint ist mit ‚Und sie sahen den Gott Israels', ist, daß ihre Augen sich an dem Glanz der Schechina weideten."[3]

Gegen den Einwand, es sei allein sprachlicher Zufall, daß die Begriffe für Gottes Anwesenheit innerhalb des menschlichen Leibes weiblich sind, spricht eindeutig Lukas' Bericht von der Geburt Jesu, der sprachlich an die Schechina-Vorstellungen anknüpft. Gabriel kündigt Maria an: „Der Heilige Geist wird über dich kommen, und die Kraft des Höchsten wird dich überschatten" (Lk 1,35). Das Wort für *überschatten* ist dasselbe Wort, das in der Septuaginta zur Bezeichnung von Jahwes Schechina-Herrlichkeit im Offenbarungszelt (Ex 40,35) verwendet wird. Seine Verwendung trägt nur dazu bei, ein Licht auf die zentrale Bedeutung zu werfen, die das *Weibliche* bei Gottes Eingehen in das menschliche Fleisch besitzt – den „Nachwuchs der Frau", prophezeit in Genesis 3,15 und auf Christus angewandt in Galater 4,4.

Die Schechina-Vorstellung wird noch an vielen anderen Stellen in den christlichen Schriften reflektiert. Madleine und J. Lane Miller entdecken die Schechina-Herrlichkeit in Römer 6,4 („durch die Herrlichkeit des Vaters von den Toten auferweckt"), Hebräer 1,3 (Christus ist „der Abglanz seiner Herrlichkeit"), 1 Petrus 4,13 („denn so könnt ihr auch bei der Offenbarung seiner Herrlichkeit voll Freude jubeln.") und besonders in 2 Korinther 4,6, wo gesagt wird, daß „wir erleuchtet werden zur Erkenntnis des göttlichen Glanzes auf dem Antlitz Christi."[4]

Es überrascht nicht, daß der als Rabbiner ausgebildete Paulus Christus und die Christen mit der Schechina identifiziert hat. Im Römerbrief z. B. schreibt er, daß die Menschen wegen der Sünde die „Herrlichkeit Gottes" (3,23) verloren haben, daß aber die durch den Glauben Gerechtfertigten in der Lage sind, sich der Hoffnung auf die „Herrlichkeit Gottes" zu erfreuen.

So werden die, welche die „Herrlichkeit Gottes" erblicken, verwandelt werden „von Herrlichkeit zu Herrlichkeit" (2 Kor 3,18). Das erinnert uns an die rabbinische Aussage in Gensis Rabbah 86,6: „Wohin immer die Gerechten gehen, die Schechina begleitet sie."[5]

Dale Moody erklärt: „Das vierte Evangelium enthält so viele Anspielungen auf die Schechina-Herrlichkeit, daß es das ‚Evangelium der Herrlichkeit' genannt worden ist."[6] Johannes 1,14 lautet z.B.: „Und das Wort ist Fleisch geworden und hat unter uns gewohnt." Das Wort „wohnen" wurde einer aramäischen Paraphrase des Alten Testamentes entnommen und bedeutet Schechina. Die Schechina-Herrlichkeit Gottes, diese „weibliche" Präsenz, wohnte im Tempel von Jerusalem. Johannes 1,14 und 2,21 machen geltend, daß der Leib Jesu zum Tempel wird und der Platz der vollständigen Einwohnung der Schechina-Herrlichkeit ist. Jakobus 2,1 führt dieses Verständnis zu dem Schluß fort, daß wahrhafte Christen wie Christus sein sollten. Jakobus warnt die Christen vor Parteilichkeit, da sie den Glauben an Christus, den „Herrn der Herrlichkeit" hätten. Mit anderen Worten, von der Anwesenheit Christi in der Gottesdienstversammlung wird erwartet, daß alle Vorurteile und Unterscheidungen im Bezug auf Klasse, Rasse und Geschlecht in ihrer Absurdität aufgedeckt und abgeschafft werden.

Es scheint für gläubige Zeitgenossen unbedingt erforderlich zu sein, über die Folgen des Umstandes nachzudenken, daß das Schechina-Bild weiblich ist. Wenn Gottes Diesseitigkeit, seine geschaute Herrlichkeit und seine Erreichbarkeit so häufig mit weiblichen Bildern ausgedrückt werden, hilft das vielleicht die Kälte, Starrheit und Entfremdung zu erklären, die in vielen Gemeinden herrscht, in denen das weibliche Amt stark beschränkt ist und wo nach wie vor die ausschließlich männliche Rede von Gott an der Tagesordnung ist.

Außerdem kann auf andere Weise die Überbetonung von traditionell „männlichen" Werten unsere Wahrnehmung verzerren. Rachel Adler, eine zeitgenössische Psychotherapeutin und orthodoxe jüdische Feministin, denkt über die völlig fehlgeleitete Wahrnehmung nach, die von ausschließlich männlichen Gottesbildern herrührt und dementsprechend auf Dinge gerichtet ist, die zählbar, meßbar, aktiv und „positiv“ sind. Ihr Gedicht trägt den Titel „Zweite Hymne an die Schechina“[7]:

Vater sagt, Nichts
Kommt aus dem Nichts. Vater sagt,
Nichts ist eine brühend heiße, stinkende Grube,
Nasse Lippen wie verwelkte schwarze Pfingstrosen, die
Darauf warten, dich zu verschlingen.
Bete zu Vater Gott, um dich zu retten, sagt Vater.

Herrin, bei all deinen Namen,
Den verlorenen, vergessenen, ungeborenen, ich schwöre,
Ich werde nie wieder
Gegen mein eigenes Fleisch beten.
Lehre mich, antworte mir,
Rahel an Rahel
Du sprichst zu mir, ich spreche zu dir,
Nichts ist meine eigene Mutter und
Ich bin nichts für mich selbst.

Öffne meinen Mund. Ich bete zu dir
Eine Litanei von Nichts

Höhlung im Topf	Nichts
Loch in der Flöte	Nichts
Ruhe in der Musik	Nichts
Sabbat in der Woche	Nichts

Amen Immi Emet

Ich bin deine Tochter, Herrin,
Und schwanger mit dir.

Heiliger Wind bläst durch mich,
Es ist eine lange Zeit her
Seitdem du ein Rohr für diese Musik hattest.

Viele Frauen, die den Wert ihrer Weiblichkeit schätzen, und Männer, die ihre weiblichen Seiten schätzen, sind offen und bereit, das Instrument der heiligen Herrin Schechina zu sein.

In seiner großen Elegie *In Memoriam* schrieb Alfred Lord Tennyson über die Notwendigkeit, den Zweifel zu bekämpfen, sobald der Glaube reift, und gebraucht dazu das Bild der Schechina:

> Und eine Kraft war in ihm nachts,
> welche die Dunkelheit in Licht verwandelte
> Und wohnte nicht im Licht allein.
>
> Aber in der Dunkelheit und der Wolke
> wie einst über Sinais Gipfel ...[8]

Wie Tennyson bemerkt, ist die Schechina beides, dunkel und hell – dunkle Wolke am hellichten Tag und leuchtendes Feuer nachts. Das aus der biblischen Erzählung gewonnene Bild deutet an, daß Gottes Gegenwart am besten am *Anderen* in uns selbst wahrgenommen werden kann. Und umgekehrt weist es auch darauf hin, daß nach jahrhundertelanger Vorherrschaft der Männer die christlichen Kirchen und die jüdischen Synagogen dringend eine neue Leitung und eine neue Ein-Sicht brauchen, die aus der Perspektive des „Anderen" in ihrer Mitte, nämlich von den Frauen kommt. Vielleicht wird, wenn das geschieht, die Schechina hell leuchtend wieder unter uns erscheinen.

8

Christus als weiblicher Pelikan

Psalm 102 wurde von christlichen Auslegern als einer der messianischen Psalmen verstanden. So lautet z. B. die Anmerkung zu Psalm 102 in *The New Scofield Reference Bible:* „Der Hinweis in den Versen 25–26 auf Christus ... bestätigt, daß in den vorangegangenen Versen dieses Psalms das Leiden seiner heiligen Seele in den Tagen seiner Erniedrigung und Verwerfung prophezeit wird."[1] Ein Teil der Prophezeihung des Leidens Christi enthält das Bild von Christus als weiblichem Pelikan, denn in V. 6 klagt der niedergeschlagene und leidende Sprecher: „Ich bin wie ein Pelikan[2] in der Wüste." Die christliche Tradition hat nicht nur im Sprecher Christus erkannt, sondern hat im Bild des Pelikans speziell das der Pelikanmutter gesehen, die ihr Leben für die Wiederbelebung ihrer toten Nachkommen läßt. Die Analogie besteht also darin, daß Christus für die Kirche das ist, was die Pelikanmutter für ihre Brut ist.

Das seltsame an diesem Bild ist, daß der Vogel, von dem in der Bibel die Rede ist, womöglich gar kein Pelikan ist. Zwar sind Pelikane in Palästina gesehen worden und erscheinen in der frühen ägyptischen Kunst. Aber die in Psalm 102, Jesaja 34,11 und Zephanja 2,14 erwähnten Pelikane werden mit der Wüste und den Ruinen von Edom und Ninive zusammengebracht, Plätzen also, an denen es Pelikane normalerweise nicht gibt. Diese schwimmfüßigen Vögel mit riesigen Schnäbeln fressen hauptsächlich Fische, weshalb man sie naturgemäß in der Nähe von Sümpfen, Mündungen, Flüssen und am Meer findet. Die biblische Aussage könnte sich ebenso gut auf Habichte, Geier oder Kormorane beziehen.[3]

Da der Pelikan in Deuteronomium 14 unter den unreinen Vögeln aufgezählt ist, erstaunt es sehr, daß er zu einem Bild für „Christus, die Mutter" werden konnte. Obwohl einzig auf den unzulänglichen biblischen Nachweis in Psalm 102 gegründet, erlangte das Bild im Mittelalter weite Verbreitung, als bekannt wurde, daß die heilige Gertrud von Helfta in einer Vision Christus als Pelikan erblickt hatte.[4] Allerdings war auch bekannt, daß der Heilige Hieronymos schon die Geschichte erzählt hat, wie der Pelikan seine Jungen, nachdem sie von Schlangen getötet worden waren, wiederbelebt hat.[5] Sir Thomas Browne greift die Legende im 17. Jahrhundert wieder auf, schreibt sie aber nicht nur Hieronymos zu, sondern auch „Augustinus, Isidore, Albertus und vielen anderen". Eucherius hält er für den ersten, der die Pelikanmutter „das Emblem Christi" genannt hat.[6]

Das Bild wurde aufgrund des verbreiteten Irrtums noch ausgeschmückt, daß die Pelikane ihre Jungen mit ihrem Blut ernähren. Zur Zeit der Aufzucht zerquetschen sie tatsächlich kleine Fische in ihren Schnabeltaschen und drücken die Tasche dann so gegen ihre Brust, daß die zerdrückte Nahrung in die Schnäbel der Jungen geleitet werden kann. Aus der Sicht der mittelalterlichen Frömmigkeit war das Drücken gegen die Brust ein selbstaufopferndes Brechen des Brustknochens, um die Jungen mit Blut zu versorgen. Auch die Tatsache, daß die mittelalterliche Medizin Brustmilch als veredeltes Blut verstand, bestärkt das Bild von Pelikan als „Mutter Jesus".[7]

Für unser Thema ist die mittelalterliche Legende vom Sterben und von der Wiederbelebung der jungen Pelikane noch bedeutsamer. In einem lateinischen Tierbuch des 12. Jahrhunderts lautet sie folgendermaßen:

> Der Pelikan ist seinen Kindern äußerst ergeben. Wenn diese geboren sind und allmählich heranwachsen, schlagen sie jedoch ihren Eltern mit den Flügeln ins Gesicht und die Eltern töten sie beim Zurückschlagen. Drei Tage danach durchbohrt die Mutter ihre Brust, öffnet ihre Seite und läßt ihr Blut über die toten Leiber fließen.

Auf dieselbe Weise ... zeugt und ruft uns Christus aus dem Nichts ins Sein. Wir jedoch schlagen ihm ins Gesicht. Wie der Prophet Jesaja sagt: ‚Ich habe Kinder geboren und emporgebracht und sie haben mich verschmäht.' Wir haben ihm damit ins Gesicht geschlagen, daß wir uns der Schöpfung und nicht dem Schöpfer geweiht haben.

Deshalb stieg er hinauf ans Kreuz und aus seiner durchbohrten Seite floß Blut und Wasser für unser Heil und ewiges Leben.[8]

Da das mittelalterliche Tierbuch ein bedeutendes Werk der Naturgeschichte war, eine naturgeschichtliche Sammlung, die Informationen aus vielen Quellen, die Kirchenväter eingeschlossen, bezog, war sein Einfluß gewaltig. Einige Gelehrte meinen, daß er sogar fast so weit reichte wie der Einfluß der Bibel, weil das Tierbuch über Jahrhunderte abgeschrieben und in verschiedene Sprachen übersetzt worden ist.

In der mittelalterlichen Wappenkunst ist der Pelikan eines der beliebtesten kirchlichen Symbole. Sir Thomas Browne weist auf seine Verbreitung in der Antike hin und stellt fest: „... überall treffen wir auf das Bild der Pelikanmutter, die ihre Brust mit dem Schnabel öffnet und ihre Jungen mit dem herausrinnenden Blut nährt."[9] Der Vogel wird gewöhnlich auf seinem Nest stehend abgebildet, wie er die Flügel ausbreitet und seine Jungen an der Brust trinken. Der dazugehörige Wappenspruch war „Ein hingebungsvoller Pelikan" [Engl.: A Pelican in its Piety].[10] Da *Pietät* die klassische Bedeutung von „kindlicher Hingabe" hat, deutet der Wappenspruch die Identifikation Christi mit der Pelikanmutter an. Christus, der uns mit seinem Blut nährt (offensichtlich ein Abendmahlssymbol), ist der Menschheit gegenüber eine Mutter und zugleich ein ergebener Sohn gegenüber den himmlischen Eltern.

In der bekanntesten Fassung der Pelikanlegende tötet der *männliche* Vogel die Brut;[11] und es ist immer der *weibliche* Vogel, der nach drei Tagen zum Nest zurückkehrt, um die Brut mit der Wärme seines Körpers und dem Vergießen seines Blutes wieder zum Leben zu bringen. Wie T.H.Huxley einmal bemerkte: „Häufig verblassen alte Traditionen zu bloßen Träumen, wenn sie mit den strengen Verfahren moderner Forschung geprüft werden. Aber es ist sonderbar, wie oft ein Traum sich als Wachtraum, der die Wirklichkeit vorausahnt, erweist."[12] Der Traum vom männlichen Pelikan, der seine Nachkommen tötet, während der weibliche ihnen neues Leben verleiht, erweist sich für viele in der gegenwärtigen Gemeinde als Vorahnung einer Wirklichkeit. Ausschließlich männliche Bilder von Gott töten unseren Geist, indem sie unser Verständnis von Männlichkeit, Weiblichkeit und Gegenseitigkeit verdrehen. Die Anerkennung biblischer Bilder von Gott als Frau, die Einführung positiver weiblicher Bilder in die Sprache des Glaubens, die größere Ausgewogenheit männlicher und weiblicher Vorstellungen werden viel zu erneuter Gesundheit beitragen.

Wie John Skelton Anfang des 16. Jahrhunderts in seinem Gedicht „Rüstkammer der Vögel" schrieb:[13]

Dann sagte der Pelikan
wenn meine Vögel getötet werden,
erwecke ich sie wieder mit meinem Blut.
Die Schrift berichtet,
so starb auch unser Herr
und erstand vom Tod zum Leben.

9

Gott als Bärenmutter

Für die Verfasser der biblischen Schriften war eine der größten Gefahren, die sie sich ausmalen konnten, die Begegnung mit einer Bärin, deren Nachwuchs getötet oder ihr weggenommen worden war. 2 Samuel 17,8 beschreibt David und seine mächtigen Krieger als „von wildem Mut erfüllt, wie eine Bärin in freiem Gelände, der man die Jungen geraubt hat". Sprichwörter 17,12 heißt es, daß es besser sei, „einer Bärin (zu) begegnen, der man die Jungen geraubt hat, als einem Toren in seinem Unverstand". Damit ist gemeint, daß eine beraubte Bärin gefährlicher ist als Unverstand.

Vor diesem Hintergrund hebt sich die Bedeutung des weiblichen Gottesbildes in Hosea 13,8 sehr klar ab. Der Abschnitt berichtet von Äußerungen Jahwes über die Bestrafung derer, die für ihre Befreiung von der Sklaverei keine Dankbarkeit zeigen. Da ihre Herzen stolz geworden sind und sie Gott vergessen haben, sagt Jahwe:

> Deshalb wurde ich für sie zu einem Löwen,
> wie ein Panther lauere ich am Weg.
> *Ich falle sie an wie eine Bärin*
> *der man die Jungen geraubt hat*
> *und zerreiße ihnen die Brust und das Herz.*
> Die Hunde fressen sie dann,
> und die wilden Tiere zerfleischen sie. (13,7–8)

In diesem ungeheuerlichen Bild von Gott als Mutter wird die menschliche Dankbarkeit für die Befreiung mit den jungen Bären, an denen die Bärenmutter sehr hängt, verglichen. Der menschlichen Dankbarkeit beraubt wird Jahwe zornig über diejenigen, die seine Jungen gestohlen haben, indem sie ihre Dankbarkeit zurückhielten. Das Bild des Zerreißens von Brust und Herz gibt die bitteren Empfindungen treffend wieder, die mit der Abspaltung und Entfremdung von der Quelle unseres Seins verbunden sind. Wenn wir es uns herausnehmen, undankbar für das Geschenk unseres Lebens und die Befreiung durch den Glauben zu werden, fühlen wir uns meist in Stücke gerissen.

2 Könige 2,24 bekräftigt die Wildheit des Bildes von der Bärin. Als eine Gruppe junger Burschen den Propheten wegen seiner Kahlköpfigkeit verspottete und ihm zuschrie, er solle fortgehen, verfluchte er sie im Namen Jahwes: „Da kamen zwei Bären aus dem Wald und zerrissen zweiundvierzig junge Leute." Obwohl der Text die Bären [Die Verf. geht davon aus, daß es Bärinnen waren] nicht eigentlich mit Jahwe identifiziert, wie es Hosea tut, sind sie unzweifelhaft die Werkzeuge von Jahwes Zorn. Diesen Abschnitt wörtlich zu nehmen, macht unser Blut stocken, denn von Bären zerrissen zu werden, ist sicher keine angemessene Bestrafung für kindliche Hänseleien. Die Geschichte enthält jedoch als Mythos verstanden einen tiefen Sinn. Er ist derselbe wie in dem griechischen Mythos von Aktaion, der die Göttin Diana (Artemis) ansah, als wäre sie einfach nur eine schöne Frau. Da er bei ihrem Anblick ihre Göttlichkeit nicht gewahrte, wurde er in ein Reh verwandelt und von Dianas Hunden in Stücke zerrissen. Auf ähnliche Weise werden die Menschen, die den Propheten Gottes (die auch Glauben, Hoffnung und höheres Streben symbolisieren) die Achtung versagen, mit innerer Spaltung bestraft und von ihren eigenen Illusionen, Wünschen und Gefühlen geschlagen.

In den verschiedenen heiligen Büchern der Weltreligionen symbolisieren Bären „Leidenschaften und Illusionen, die den Verstand einengen und alle Anstrengungen zunichte machen". Immanuel Swedenborg führte den Gedanken weiter, indem er sagte, daß „Bären Irrtümer darstellen – den buchstäblichen Sinn des Wortes, das zwar gelesen, aber nicht verstanden wird."[1]

Angesichts solch negativer Nebenbedeutungen erhebt sich die Frage, warum Hosea Jahwe denn überhaupt als eine wütende, beraubte Bärenmutter darstellen wollte. Hosea hatte sicher nicht diese negativen Aspekte von Bären im Sinn, sondern eher die ungeheure Zuneigung der Bärin für ihre Jungen. Das mittelalterliche wissenschaftliche Verständnis war, daß die Bärenjungen als kleine Klumpen weißen Fleisches geboren werden, die durch beständiges Lecken der Mutter zu Geschöpfen „mit richtigen Beinen und Armen" gemacht werden. Alexander Pope spielt in seinem Gedicht *Dunciad* auf diesen Vorgang an:

> So wachsam formt der Bär, mit gestaltender Sorgfalt
> jeden wachsenden Klumpen und macht ihn zu einem Bären.

Sir Thomas Browne liefert die Erklärung eines Arztes dafür, wie die Legende entstanden ist. Wenn das Junge geboren ist, erklärt er, verbirgt eine dicke, starke Haut die Gestalt. Weil die Mutter diese Haut zerbeißt und herunterreißt, könnte ein unwissender Beobachter leicht denken, daß das Bärenjunge als unförmiger Klumpen Fleisch geboren wird, dem eine Gestalt nur durch „das Lecken der Mutter" gegeben wird.[2]

Da der Bär mit dem Sternbild der Großen Bärin in Zusammenhang gebracht wird, ein Sternbild, das nie stehenbleibt, könnte der Bär auch mit der ständigen Wachsamkeit von Jahwe als Mutter verbunden werden. John Milton drückt in seinem Gedicht „Il Penseroso" den Wunsch aus, oft „länger als der *Bär* zu wachen", d.h. die ganze Nacht zu arbeiten. Also könnte Hoseas Bild des Bären so verstanden werden, daß es auch Jahwes ständige Wachsamkeit schildert.

Die negativen und positiven Bedeutungen von Bären scheinen in Hoseas Bild zusammenzufallen. Denn unsere Schuld gegenüber Gott zu erkennen – die egozentrische Täuschung über die Unabhängigkeit von der göttlichen Quelle –, ist die menschliche Verfehlung, die Jahwe veranlaßt, wie eine Bärenmutter zornig über uns zu werden. Nachdem Gott der ganzen Schöpfung durch Lecken eine Form gegeben hat, verharrt er nicht untätig, wenn er um die Jungen, d.h. um die Dankbarkeit gebracht wird.

Verständlicherweise hat Hoseas Bild einer wütenden weiblichen Gottheit nie dieselbe Beliebtheit erreicht wie das sanftere, gefühlvollere Bild von Gott als einer liebenden und selbstaufopfernden Mutter. Männliche Schriftsteller haben fast immer weibliche Gottesbilder mit stereotyp weiblichen Fähigkeiten etwa des Nährens und Helfens assoziiert. In der weiblichen Mystik, besonders bei Gertrud von Helfta, finden wir weibliche Gottesbilder, die sowohl Aspekte der Autorität und Disziplin wie auch der Zärtlichkeit vereinen. Caroline Walker Bynum zieht eine interessante Verbindung zwischen mönchischem Leben, starkem weiblichem Selbstverständnis und einer Mann und Frau einschließenden Sprache von Gott: „Frauen, die in (mittelalterlichen) Klöstern aufgewachsen sind, wurden wahrscheinlich weniger von dem zeitgenössischen Vorurteil beeinflußt, daß Frauen moralisch und geistig unterlegen seien. Diese Frauen erlebten, daß sie in vollem Umfang männliche und weibliche, leitende und tröstende Rollen ausfüllten, und so der ganzen Breite des Handelns Gottes gleich kamen."[3] Obwohl Gertrud ein strengerer Zuchtmeister ist als Mechthild von Hakkeborn, „sehen beide Frauen den Herrn der Welt, die Jungfrau, die Heiligen *und sich selbst* durch eine Vielfalt von Handlungsweisen gekennzeichnet ... Muttersein ist für Mechthild ein zärtlicheres Bild als für Gertrud, ebenso Vaterschaft. Väter füttern und trösten wie Mütter, Mütter unterrichten wie Väter; die ganze Breite dieses Bildes paßt für Gott und für das Selbst zugleich. Gott ist Mutter, Herrscher und Papst; Maria ist Mutter und Königin; Mechthild selbst ist ein königlicher Heerführer, ein Prediger, ein Quell der Gnade und Vater und Mutter für ihre Kinder."[4]

Gerade weil das Bild von Gott als einer grausam zornigen Bärenmutter alle unsere Vorurteile über das angemessene Verhalten einer Frau (besonders einer Mutter) sprengt, ist es ein wichtiges Bild für unsere Zeit. Viele Frauen kämpfen mit ihrer Wut über eine Gesellschaft und eine Religion, die nicht die ganze Breite ihrer Gaben anerkennt und sie immer auf eine helfende, zweitrangige und selbstaufopfernde Rolle verweist. Jahwes Wut über die Undankbarkeit könnte als biblische Beglaubigung ihres Ärgers betrachtet werden.

Einseitige Abhängigkeit ist weder für die göttliche Mutter noch für die menschliche Frau heilsam. Das Bild von Gott als Bärenmutter könnte daher als ein Hinweis auf das Bedürfnis nach Gegenseitigkeit betrachtet werden, auf einen Energiestrom in zwei Richtungen. Das mindeste, was wir uns gegenseitig schulden, ist Dankbarkeit. Die Bibel macht deutlich, daß Jahwe von uns eine Dankbarkeit erwartet, die in der Ausübung von Gerechtigkeit in unseren persönlichen Beziehungen und den Strukturen unserer Gesellschaft besteht. Obwohl sich viele Menschen immer vorgestellt haben, daß die Bibel einen männlichen Gott einer als weiblich vorgestellten Menschheit gegenüberstellt, zeigt uns Hoseas Bild eine Mutter Gott, die in ganz ungewöhnliche Wut gegen die undankbare, ungerechte Menschheit verfällt.

Eine spanische protestantische Bibel, die 1569 in Basel veröffentlicht wurde, hieß „Bärenbibel“, weil auf der Titelseite ein Holzschnitt von einem Bären abgebildet war. Was immer die Herausgeber damit ausdrücken wollten, ein Blick auf diese Bibel und auf Hoseas Bild der fordernden Bärenmutter Jahwe könnte vielleicht ein Ansporn zur Gerechtigkeit sein.

10

Der Gott der Noomi

In dem Buch *Image Breaking/Image Building* kündigen die Herausgeber an, daß dieses *Handbuch für kreativen Gottesdienst mit Frauen aus christlicher Tradition* [Übers. des engl. Untertitels] auf der Suche ist nach „dem Gott Saras und dem Gott Abrahams, dem Gott Rebekkas und dem Gott Isaaks – aber auch nach dem Gott unserer Mütter, Schwestern, Großmütter und Tanten. Die Suche ist eine Art Gottesdienst. Sie ist eine Reaktion auf das Bewußtsein, daß Gottes Bild männlich und weiblich ist."[1] In diesem Kapitel will ich über den Gott nachdenken, den Rut in ihrer Schwiegermutter Noomi verkörpert sah. Dieses Bild unterscheidet sich von den meisten anderen in diesem Buch, bei denen es sich eher um bestimmte Vergleiche handelt – Gleichnisse, Metaphern oder Analogien, die einmal oder mehrmals in den hebräischen oder christlichen Schriften vorkommen. Demgegenüber ist der Gott-in-Noomi ein Bild, das aus den Umständen einer ganzen Erzählung entsteht. Dennoch ergibt sich schließlich ein weiteres Bild von Gott als Frau.

Einer der schönsten Momente des Entstehens einer menschlichen Bindung in der Literatur ereignet sich zwischen Rut, einer jungen Frau, und ihrer sehr viel älteren Schwiegermutter, Noomi. „Dränge mich nicht, dich zu verlassen und umzukehren", sagt Rut, denn

> Wohin du gehst, dahin gehe auch ich,
> und wo du bleibst, da bleibe auch ich.
> Dein Volk ist mein Volk
> und dein Gott ist mein Gott.

Wo du stirbst, da sterbe auch ich,
da will ich begraben sein.
Der Herr soll mir dies und das antun –
nur der Tod wird mich von dir scheiden.

Phyllis Trible weist darauf hin, daß in der Beschreibung, wie Rut sich an Noomi bindet und zu ihr sagt „Dränge mich nicht, dich zu verlassen", die Worte des Erzählers in Genesis 2,24 anklingen, der sagt, daß ein Mann Vater und Mutter verläßt (7b), um sich an seine Frau zu binden.[2] Daher war es passend, daß die Kirche Ruts Worte immer wieder als Teil der Hochzeitszeremonie verwandte. Obwohl die Bindung zwischen zwei Frauen eingegangen wird, ist sie wirksamer als viele Ehegelöbnisse. Die meisten enden mit dem Tod, wohingegen in diesen versichert wird, daß sogar der Tod keinen Keil zwischen Rut und Noomi treiben wird. Trible sagt dazu: „Nicht einmal Abrahams Glaubenstat übertrifft diese Entscheidung Ruts ... Sie hat nicht nur mit Familie, Land und Glauben gebrochen, sondern sie kehrte auch die sexuellen Verpflichtungen um. Eine junge Frau band sich an das Leben einer alten Frau, anstatt nach einem Ehemann zu suchen ... Eine Frau hat eine andere erwählt in einer Welt, in der das Leben von Männern abhing."[3]

An Ruts entschlossener Rede ist vielleicht das beeindruckendste, daß sie unmißverständlich Noomis Gott als ihren eigenen betrachtet. Auf welcher Grundlage konnte sie einen so ungewöhnlichen Schritt tun? Noomi und Elimelech waren nach Moab gekommen, um dort zu leben, und sie fühlten sich nicht genötigt, den Gott Judas aufzugeben. Einen Religionswechsel mußte die Begleitung Noomis nach Juda für Rut nicht unbedingt bedeuten; sie hätte die Götter Moabs im stillen verehren können. Was veranlaßte Rut, die Bindung an Noomis Gott als Bestandteil ihrer Bindung an Noomi einzuschließen?

In der Erzählung erfahren wir nur, daß Rut ungefähr zehn Jahre mit einem der Söhne Noomis und Elimelechs verheiratet war. (Man beachte, daß die Söhne bis zu Elimelechs Tod als *seine* (1,2), danach als *ihre* (1,3) Söhne bezeichnet werden. Das läßt uns an viele Frauen in unserer eigenen patriarchalischen Gesellschaft denken, die erst dann interessante Individuen mit eigener persönlicher Identität werden, nachdem ihre Männer gestorben sind. Nur die sorgsame Übung von Gegenseitigkeit und Männer, die ihre Frauen lieben wie ihr eigen Fleisch (Eph 5), können einen Wall gegen derartiges Unglück bilden.)

Rut hatte offensichtlich nach Elimelechs Tod einen der Söhne Noomis geheiratet und mit ihm freundlich zusammengelebt, bis er und sein Bruder (Orpas Mann) ihrem Vater in den Tod folgten. Daher können wir vermuten, daß Rut ihre Schwiegermutter nur während ihres Exils in Moab und nur als Witwe gekannt hat, also ungefähr für einen Zeitraum von zehn Jahren.

Als geborene Moabiterin hat Rut sicher die Götter Kamosch und Aschtorkamosch verehrt und die verbreiteten Fruchtbarkeitsrituale für die verschiedenen Götter und Göttinnen befolgt. Was wußte sie wirklich von dem einen Gott, den sie künftig als den einzigen anzunehmen gelobte, als sie sich weigerte, wie Orpa „zu ihrem Volk und zu ihren Göttern" (1,15) zurückzukehren?

Der Text von Ruts Gelöbnis gegenüber Noomi zeigt, daß Rut ihr Herz dem Gott schenkte, den sie leibhaftig in ihrer betagten Schwiegermutter verkörpert sah. Ruts Gelübde hatte neun Bestandteile: Ich will (1) bei dir bleiben, (2) dir folgen, (3) mit dir ziehen, (4) bei dir wohnen, (5) zu denen gehören, zu denen du gehörst, (6) den Gott verehren, den du verehrst, (7) mit dir sterben, (8) mit dir begraben werden und (9) auch nach dem Tod bei dir bleiben. Mitten unter den acht „horizontalen" Punkten – den acht Versprechen, die menschliche Beziehungen betreffen – steht der eine „vertikale" Punkt, ein Versprechen, das die Beziehung zum höchsten Wesen betrifft. Da die acht „horizontalen" Punkte auf Noomi konzentriert sind, ist es sinnvoll, daß der „vertikale" Punkt ebenfalls an Noomi gebunden ist. Mit anderen Worten, Rut konvertiert vom Polytheismus zum Monotheismus und schenkt ihren Glauben bis ans Lebensende einem Gott, den sie hauptsächlich in einer älteren Frau verkörpert fand, die sie liebte und der sie sich völlig überantwortet hatte. Wir können vermuten, daß auch Ruts Mann in ihren Augen den einen Gott, der von den Juden verehrt wurde, verkörpert hat, aber Rut erwähnt ihn in ihrem Treuegelöbnis an Noomi nicht.

Es muß erwähnt werden, daß Noomi in 1,20–21 Gott mit dem hebräischen *Schaddai* benennt, das als „Gott mit Brüsten“[4] verstanden werden kann, obwohl es gewöhnlich mit „Allmächtiger“ oder „Herr“ übersetzt wird. Dieser Hinweis unterstreicht die Folgerichtigkeit meiner Vermutung, daß für Rut Noomi eine Verkörperung oder Inkarnation des einen Gottes als eines *Gottes mit Brüsten* war.

Zu der Zeit als Rut sich an ihre Schwiegermutter band, war Noomi eine Person ohne jeden Status. Zunächst Ehefrau und Mutter wird Noomi zur Witwe und schließlich eine Frau ohne Mann und Söhne – also nichtexistierend in einer patriarchalischen Gesellschaft. Ihr „Nichtsein“ wird deutlich an der Weise, wie der Erzähler in 1,15 auf sie als „die Frau“ Bezug nimmt. Namenlosigkeit ist das offenkundigste Merkmal von Machtlosigkeit. Daher ist der in Noomi verkörperte Gott mit Machtlosigkeit, Armut und Nichtsein gleichgesetzt. Rut wählte den Gott der Unterdrückten, nicht den der Elite und Begüterten.

Noomis Geburtsnamen, vermutlich die weibliche Form von Naaman, bedeutet die „Freundliche“ oder „Liebliche“. Aber als sie ohne Mann und Söhne nach Bethlehem zurückkehrt, will sie Mara, die „Bittere“ genannt werden. Zusammengenommen lassen diese beiden Namen vermuten, daß der Gott, den Noomi für Rut (und für uns) verkörpert, wirklich ein allumfassendes Wesen ist. Diese Frau, Noomi und Mara, die Liebliche und die Bittere, verkörpert den Gott, der nicht nur Licht, sondern auch Finsternis schuf, der nicht nur Glück, sondern auch Elend hervorbrachte (Jes 47,7).

In Übereinstimmung mit der Haltung einer patriarchalischen Gesellschaft gegenüber einer Frau ohne Mann hielt Noomi, die diese Haltung verinnerlicht hat, nicht viel von sich selbst. Folglich glaubt sie nicht, daß Orpa und Rut Vorteile davon hätten, mit ihr nach Juda zu gehen und ihren Gott zu verehren. Orpa geht daher zurück, um einen Mann unter ihren eigenen Leuten zu suchen und die Vielzahl der Götter Moabs zu verehren. Wie immer führt Selbstunterschätzung zur Unterschätzung anderer. Noomi hat nicht nur den Gott Judas unterschätzt, als sie Rut und Orpa zur Rückkehr nach Moab drängte, sondern sie unterschätzte auch Rut, sogar noch nach deren verwunderlichem Gelöbnis. In 1,21 behauptet Noomi, daß sie mit leeren Händen nach Bethlehem gekommen sei, obwohl sie eigentlich mit zweifachem Segen zurückkehrt: Sie kommt mit ihrem eigenen Leben und in Begleitung Ruts und ihren unendlichen Möglichkeiten. Noomi teilte völlig das Urteil ihrer Gesellschaft, daß eine Frau ohne Mann eine arme Frau sei.

Dennoch blieb Noomi trotz ihrer Begrenztheit für Rut die Trägerin des Bildes von einem ungeteilten einen Gott, der die Welt hervorbringt und nährt. Rut und Noomi wirken gemeinsam auf Boas ein und suchen insgeheim nach Mitteln, die ihn dazu veranlassen könnten, seiner Verantwortung ihnen gegenüber nachzukommen. Wie Trible bemerkt: „Diese Frauen gestalten ihre Geschichte selbst." Obwohl Boas als erstes eine typisch patriarchalische Frage stellt („Zu wem gehört dieses junge Mädchen?" 2,5), bringen ihn Noomi und Rut durch überlegtes Vorgehen dahin, Rut als Person und nicht als Besitz anzuerkennen („Wer bist du?" 3,9).[5]

Als Gegengabe für Noomis Verkörperung des göttlichen Bildes gibt Rut Noomi ihr Kind Obed, „das ihr Herz erfreut und im Alter für sie sorgen wird" (4,13), zur Betreuung. Rut, die aus der Perspektive der Judäer zum falschen Volk (die Moabiter waren Ausgestoßene), zur falschen Klasse (so arm, daß sie Ähren lesen mußte) und zum falschen Geschlecht (eine Frau in einer Männerwelt) gehörte, erweist sich für Noomi „besser als sieben Söhne" (4,16). So stellt das Buch für die hebräischen Schriften dar, was Galater 3,28 für das Neue Testament ist. Es schildert einen Sieg über Rassismus, Klassen und Sexismus. Rut, die Moabiterin, wird wegen ihrer Treue zu dem Gott, den sie in Noomi gesehen hat, die Urgroßmutter von König David und Vorfahrin von „Jesus, der der Christus (Messias) genannt wird" (Mt 1,5–16).

11

Gott als Haushälterin

In Psalm 123 steht der Gesichtssinn der Menschen im Mittelpunkt, die Augen derer, die schwere Zeiten durchmachen. „Ich erhebe meine Augen zu dir, der du hoch im Himmel thronst.“ [Die Übersetzung aus dem Englischen lautet: „der sein Heim im Himmel hat“.] (Vielleicht dachte Jesus an diesen Psalm, als er uns lehrte, zu „unserem Vater im Himmel“ zu beten. Sicherlich wollte Jesus uns damit lehren, Gott als eine Person, als elterliches Gegenüber anzurufen und nicht als eine unpersönliche Macht. Er beabsichtigte gewiß nicht, Gottes Männlichkeit festzuschreiben.)

Psalm 123 ist *Oculus Sperans* (Auge der Hoffnung) genannt worden, weil er das *Schauen* des Einen im Himmel so nachdrücklich betont. Zwei Gleichnisse sind in ihm enthalten, so als wollte der Psalm uns helfen, den Einen genauer zu erkennen und mit ihm vollkommener in Beziehung treten zu können. Auf zwei Weisen sollen wir unsere Augen aufheben zu Jahwe, dessen Heim im Himmel ist: erstens, wie die Augen der Knechte auf die Hand ihres Herrn; zweitens, „wie die Augen der Magd auf die Hand ihrer Herrin“. Wer ist die Herrin des Hauses, auf die wir Menschen schauen, um Führung, Hilfe und Mitleid zu erlangen? Psalm 123 gibt eine klare Antwort:

> Wie die Augen der Magd auf die Hand ihrer Herrin, so schauen unsere Augen auf den Herrn, unsern Gott, bis er uns gnädig ist. (123,2b)

Jahwe ist also nicht nur unser Vater und Herr, sondern auch unsere Mutter und Herrin im Himmel. Wenn jemand der Autorität der Schrift bedarf, um das Vaterunser an Vater und Mutter richten zu können, dann könnte ihm Psalm 123, 1–2 mit seinen männlich-weiblichen Parallelen in Bezug auf das Göttliche die Bestätigung geben. Ein Urteil über die Lehre Jesu, dergestalt, als hätte er selbst sagen müssen „Unser Vater und Mutter", bedeutet dieser Zusatz nicht. Weil Jesus in einer wirklich patriarchalischen Gesellschaft lebte, die wirklich einschneidender Veränderungen bedurfte, mußte er mit Worten sprechen, die jeder begreifen konnte. Je neuartiger und radikaler eine Idee ist, desto vertrauter und harmloser muß die Sprache sein! Jesus ging von der völligen Gleichheit von Männern und Frauen aus;[1] die unmittelbare Einführung eines weiblichen Bildes von Gott wäre zu dieser Zeit aber als Rückwendung zu heidnischer Vielzahl von Gottheiten mißverstanden worden. Doch benutzte Jesus Sprachbilder von Gott als Frau, wie dieses Buch zeigen will. Das Gute an Sprachbildern ist, daß sie demjenigen, der nicht bereit oder fähig ist sie aufzunehmen, verschlossen bleiben. In der kulturellen Umgebung Jesu war es unmöglich, „Unser Vater und Mutter" zu sagen, aber unser kultureller Hintergrund macht es nicht nur möglich, sondern auch notwendig. Da wir uns bei unseren Überlegungen auf die gesamten hebräischen und christlichen Schriften stützen können, sind wir in der Lage, zu begreifen, daß die Anerkennung der weiblichen Komponente Jahwes keine Rückwendung ins Heidentum, sondern eine Vertiefung zu umfassenderem und gesünderem Glauben ist.

In Psalm 123,2 wird das Bild von Gott als einer Hausfrau oder Haushälterin benutzt. [Da die Autorin mit dem englischen Wort ‚housewife' die Assoziation verbindet, die Frau sei mit ihrem Haushalt verheiratet, ersetzt sie es durch ‚homemaker' – Haushälterin oder Hausfrau.] Die Tätigkeit einer Hausfrau oder Haushälterin zu biblischen Zeiten könnte mit der Führung eines Unternehmens heute verglichen werden. Die Haushalte waren meist sehr ausgedehnt und konnten ein Gefolge von mehreren hundert Leuten umfassen, wenn man alle Ehefrauen, Nebenfrauen und ihre Kinder und Bediensteten, alle Eltern, Großeltern, Brüder, Schwestern, Onkel und Tanten und deren Kinder und Bedienstete berücksichtigt. Die „erste Frau" des Oberhauptes eines solches Verbandes trug bei seiner Leitung große Verantwortung. Jahwe wird mit einer solchen Frau verglichen, die „noch bei Nacht aufsteht, um ihrem Hause Speise zu geben und den Mägden, was ihnen zusteht" (Spr 31,15).

Psalm 123,2 erlaubt es uns, in Sprichwörter 31 eine vollständige Beschreibung von Jahwe als perfekter Hausfrau zu sehen, die eine vollendete Ehefrau gegenüber der Menschheit ist, der in diesem Bild eine männliche Rolle zugewiesen wird. Die perfekte Ehefrau sorgt für ihren ausgedehnten Haushalt („ihr ganzes Haus hat wollene Kleider", Spr 31,21), aber auch für manche, die nicht dazu gehören: „Sie öffnet ihre Hand für den Bedürftigen und reicht ihre Hände den Armen" (31,20). Sie ordnet sich nicht schweigend unter, sondern ist bekannt für ihre kluge Rede: „Öffnet sie ihren Mund, dann redet sie klug, und gütige Rede ist auf ihrer Zunge." (31,26) Der Verfasser der Sprichwörter sagt: „Gebt ihr Teil am Ertrag ihrer Hände." (31,31) [Übers. nach dem engl. Wortlaut] Gott als perfekte Hausfrau braucht der harten Arbeit angemessene Anerkennung und Entlohnung, ebenso wie menschliche Hausfrauen! Weil Jahwe sich so tüchtig um die häuslichen Angelegenheiten gekümmert hat, ist die Menschheit (resp. Jahwes Ehemann) frei für Politik und Regierungsangelegenheiten: „Ihr Mann ist in den Torhallen (wo Regierungsangelegenheiten geregelt werden) geachtet, wenn er zu Rat sitzt mit den Ältesten des Landes." (31,23) Weil Jahwe als Haushälterin uns versorgt hat mit einer Welt, in der wir leben können, und mit Kleidern für unseren Leib und den Lehren seines Wortes, wird von uns – aus dem Blickwinkel von Sprichwörter 31 – erwartet, die Verantwortung für die Verwirklichung von Gerechtigkeit in unserer Gesellschaft zu übernehmen.

Aus der Sicht von Psalm 123 wird von uns jedoch erwartet,

Jahwe, der „Herr" und „Herrin" ist, als Knecht zu dienen. Obwohl der Gehorsam gegenüber Jahwe Bestandteil des Bildes vom göttlichen Herrn/Herrin ist, geht es dem Psalmisten weniger um das Herrschaftsverhältnis als vielmehr um das Rollenmodell. In Not geraten, richten die Knechte und Mägde ihre Augen angsterfüllt auf die Hände ihrer Herrschaften, um zu erfahren, was als nächstes zu tun sei. Für die Frauen heute ist es wichtig, innerhalb der Gottheit ein weibliches Rollenmodell zu finden, wie es in Psalm 123 enthalten ist. In all den vom Patriarchat geprägten Jahrhunderten mußten religiöse Frauen sich ausschließlich an den männlichen Vorbildern von Vater, Sohn und Heiligem Geist ausrichten. Die daraus folgende Vermännlichung kann in verschiedenen historischen Epochen beobachtet werden. So wurden z. B. asketische Frauen in spätpatristischer Zeit immer mit Thekla, der legendären Begleiterin von Paulus, verglichen, die ihre Haare wie ein Mann schnitt, als Mann verkleidet mit dem Apostel umherreiste und sich auch durch Drohungen ihrer Familie und des Staates nicht davon abhalten ließ, ihrer Berufung weiter nachzugehen.[2] Obwohl wir für den Mut Theklas dankbar sein können, kann sie kein Beispiel für Frauen heute sein, die Gott ohne Verleugnung ihres Frauseins dienen wollen. Die Wiederaufnahme des Bildes in Psalm 123, das Jahwe als weibliches Vorbild für seine Mägde zeigt, unterstützt die Frauen heute, die Gott aktiv, aber ohne Vermännlichung ihrer selbst dienen wollen.

Vielleicht hatte Jesus Psalm 123 im Sinn, als er die Geschichte einer Hausfrau erzählt, die offenkundig mit der Gottheit identifiziert wird. In Lukas 15, wo die Geschichte überliefert ist, wird dargestellt, wie Jesus den um ihn versammelten Zollbeamten, Sündern, Schriftgelehrten und Pharisäern drei Gleichnisse erzählt. Die erste Geschichte vom verlorenen Schaf handelt von einem Schäfer, der unablässig nach einem Schaf sucht, obwohl er neunundneunzig sicher im Stall hat. Die dritte Geschichte ist die bekannte vom verlorenen Sohn. Die dazwischenliegende Erzählung handelt von einer Frau, die eine ihrer kostbaren Silbermünzen verliert und sie unablässig sucht, obwohl sie neun andere sicher in ihrem Besitz hat. Alle drei Geschichten enden mit der Freude über das Wiederauffinden des Verlorenen.

In den ersten beiden Geschichten symbolisieren das verlorene Schaf und die verlorene Münze den Sünder, das Wiederfinden bedeutet Reue. Daher kann die in den Gleichnissen beschriebene Freude direkt mit der Freude im Himmel unter Gottes Engeln verglichen werden (Lk 15,7 + 10). Dies führt uns zu der Erkenntnis, daß der *Finder* in allen drei Fällen mit Gott selbst verglichen wurde. Gott ist der Hirte, der sein verlorenes Schaf findet, und Gott ist wie der Vater, der seinen nichtsnutzigen Sohn begrüßt. Gott ist auch wie die Frau, die ihre verlorene Münze findet. „Freut euch mit mir", sagt sie, „ich habe die Drachme wiedergefunden, die ich verloren hatte. Ich (Jesus) sage euch ..." (V. 10).

Warum haben wir bisher über den Umstand, daß Gott mit einer Frau verglichen wird, so wenig erfahren? Möglicherweise kann die Behandlung der Geschichte in Charles John Ellicotts Bibelkommentar darüber Aufschluß geben, was geschehen ist. Ellicott bemerkt, daß die Geschichte von der Münze dasselbe aussagt wie die vom verlorenen Schaf und „daß die Münze ein Symbol der menschlichen Seele ist". Er stellt auch noch fest: „Eine Frau sucht, nicht ein Mann." Aber er sagt kein einziges Wort darüber, daß Jesus Gott als Frau darstellt. Er erwähnt einfach nur, daß Jesus das Interesse seiner weiblichen Zuhörer erregen wollte, die nicht in der Lage waren, sich mit dem Hüter der Schafe zu identifizieren, aber sicher ein häusliches Problem wie das Verlieren einer wertvollen Münze aus eigener Erfahrung kannten.[3] Natürlich ist das richtig, – aber es wird die Tatsache übersehen, daß Jesus die Frauen bestätigt und bestärkt hat, indem er ihnen das gleiche Privileg wie den Männern zugestand, nämlich ihre eigene Natur in der Gottheit repräsentiert zu sehen.

Wir alle gehen an Texte mit gewissen Erwartungen heran, die bestimmen, was wir beim Lesen einsehen können. Vielleicht ist es hilfreich, uns vorzustellen, daß wir in Interpretationsmustern denken, die uns einige Dinge klar erkennen lassen, aber uns von der Einsicht in andere abhalten. Jahrhundertelang hat ein patriarchalisches Interpretationsmuster es den meisten Menschen einfach unmöglich gemacht, die vielen Bilder von Gott als Frau, die Gegenstand dieser Untersuchung sind, wahrzunehmen. Oder, wie Leonard Swidler es ausdrückt: „die zugrundeliegende, unter Christen weit verbreitete, abwertende Haltung gegenüber Frauen ... machte die meisten christlichen Theologen und Kommentatoren blind gegenüber dem Feminismus, den Jesus in den Evangelien vertrat".[4]

Es hat Vorschläge gegeben, die drei Geschichten in Lukas 15 trinitarisch auszulegen. Da Jesus sich selbst mit dem guten Hirten identifiziert hat, bezieht sich die erste Geschichte auf Christus. In der Geschichte des Christentums wurde im dritten Gleichnis der Vater mit Gott Vater gleichgesetzt. Folglich wäre die Frau, die ihre verlorene Münze sucht, ein Bild vom Heiligen Geist, wenn man so die trinitarische Formel vervollständigt.[5]

Nach meiner eigenen Auffassung entspräche es jedoch eher den gesamten biblischen Bildern, wenn alle drei Geschichten als Darstellung einer Gottheit interpretiert würden, die – richtig verstanden – männlich und weiblich (und zugleich weder männlich noch weiblich) ist. Die Gottheit als aus zwei männlichen Personen und einer weiblichen Person bestehend darzustellen, ist politisch unklug, denn so bleibt das Weibliche für immer in einem Machtverhältnis zwei zu eins überstimmt. (Es klingt vielleicht seltsam, von einem Machtkampf innerhalb der Gottheit zu sprechen, aber weibliche Erfahrung im Patriarchat hat uns gelehrt, wachsam mit Bildern umzugehen.) Vom Standpunkt guter literarischer Interpretation und Theologie aus ist es viel wichtiger und besser, dem gesamten Sprachgebrauch der Schrift zu folgen, das heißt, dem göttlichen Einen männliche und weibliche Eigenschaften zuzuschreiben. Das Patriarchat bewirkte, daß die weiblichen Gottesbilder in der Bibel verglichen mit den männlich sehr rar sind. Aber Universalität und Inspiration führten dazu, daß die weiblichen Gottesbilder überhaupt in den heiligen Text aufgenommen wurden, trotz der einschränkenden patriarchalischen Kultur, aus der sie hervorgingen. Es ist die Aufgabe derer, die sich um Gerechtigkeit für die Frauen heute bemühen, von den Bildern, die Gott als Frau zeigen und in der Bibel für uns verfügbar sind, vollen Gebrauch zu machen.

Es ist interessant, daß Jesu Darstellung von Gott als Frau mit Geld zu tun hat. In der westlichen Zivilisation bedeutet Geld selbstverständlich Macht. Obwohl Geld häufig mit biblischen Begriffen wie „schnöder Mammon" verunglimpft wird, muß man für jede Sache und Organisation erst einmal Geld auftreiben, bevor etwas erreicht werden kann. Obwohl Frauen zu Jesu Zeiten genauso wie heute mehrheitlich unterhalb der Armutsgrenze leben, assoziiert Jesus sie mit dem Besitz von Geld und folglich auch mit dem Besitz von Macht. Den Zuhörern Jesu, die „Ohren haben zu hören", muß es neu und umstürzend erschienen sein, daß Jesus über Gott als Frau – eine Frau mit eigenem Geld – gesprochen hat! Sogar in der heutigen Gesellschaft, in der die durchschnittliche Amerikanerin nur 59 cents gegenüber 1 Dollar eines Mannes verdient, erscheint dieses Gleichnis immer noch neu und könnte Vorurteile erschüttern.

Der anglikanische Dichter George Herbert erwähnt Gott als Frau zwar nicht ausdrücklich, aber er stellt Gott gerne als kosmische Haushälterin dar und benutzt dabei Bilder, die im 17. Jahrhundert sicherlich weiblichen Bereichen zugeordnet waren. So wendet er sich in „Providence" mit folgenden Worten an Gott:

> Dein Vorratsschrank bedient die Welt: Fleisch ist bereit
> Dort wo es alle finden: Kein Tier, das nicht sein Futter kennt. (Z. 49,50)

Ein paar Verse weiter kehrt das Hausfrauenmotiv wieder:

> Bei allem Reichtum Deines Hauses bewundere ich
> die Weise, in der Du Deine Güter ordnest. (Z. 93–94)

In „The Familie“ betet Herbert, daß sein Herz von „lauten Klagen und wimmernden Ängsten“ befreit werde, und vergleicht seine eigene innere Verfassung mit einem Haus, das vom Herrn geführt wird:

Herr, Haus und Familie sind zwar Dein,
doch einige sind unzufrieden.
Wirf sie hinaus, die Deinen Platz beschmutzen:
Denn wo Du wohnst, ist alles alles rein. (Z. 5–9)

In „Affliction (I)“ schließlich benutzt Herbert viele Bilder, die eine weibliche Komponente Gottes zu enthalten scheinen, ohne daß er sie ausdrücklich ausspricht. Auf jeden Fall stellt er Gott als Haushälter dar. Gott „lockt“ den Sprecher an und gibt ihm zuerst „Milch und Süßigkeiten“ und eine „versüßte Tablette“, um seinen Zorn zu beruhigen. Ganz verwandelt sagt der Sprecher:

Ich schaute Deine schöne Wohnung an
und ließ sie mir gefallen:
Die Herrlichkeit in Deinem Haus
sie lockte und entzückte mich. (Z. 7–10)

Nachdem Herbert viele Leiden geschildert hat, taucht am Ende das Bild vom Sklaven und vom Verwalter des Hauses (aus Ps 123) auf. Unzufrieden und sich nutzlos fühlend entschließt sich der Sprecher, Gottes Hausdienste zu verlassen, nur um zu erfahren, daß ein Leben ohne Gott die Hölle ist.

Gut, ich werde den Dienst verlassen und
einen anderen Herrn suchen.
Mein teurer Gott, unwürdig wie ich bin,
Gib mir nicht, Dich zu lieben, denn ich tu’s nicht. (Z. 63–66)[6]

Im Dienst des kosmischen Haushälters Gott fand der Dichterpriester George Herbert völlige Freiheit.

So könnte es uns allen gehen. Laut Jesus ist Gott wie eine Haushälterin, jemand der inständig nach Verlorenem sucht, eine aktive Frau, die eigenes Geld und Macht besitzt. Nach Psalm 123 ist Gott wie eine Frau, die einen großen Haushalt verwaltet und Vorbild für ihre Bediensteten ist. Unsere Aufgabe ist es, darauf zu achten, daß die Gemeinde all dies kennenlernt und nicht mehr vergißt.

12

Gott als Geliebte

Die hierarchischen Denkmuster der patriarchalischen Gesellschaft, in der wir leben, haben unseren Blick für viele Dinge in der Bibel getrübt. Darunter gehört zu den wichtigsten die befreiende Botschaft, daß die Glaubenden als Leib Christi wirklich „Anteil an der göttlichen Natur" erhalten. Weil wir innerhalb pyramidenartiger Machtstrukturen an vertikale Befehlsverhältnisse gewöhnt sind, konnten wir Christen nicht begreifen, daß das folgende Gebet Jesu einmal wahr werden könnte: „Denn sie sollen eins sein, wie wir eins sind, ich in ihnen und du in mir. So sollen sie vollendet sein in der Einheit, damit die Welt erkennt, daß du mich gesandt hast und die Meinen ebenso geliebt hast wie mich." (Joh 17,22–23)

Wir waren zu zurückhaltend, um die wesenhafte göttlich-menschliche Einheit, die viele Schriften uns versprechen, in Anspruch zu nehmen. Wir sind die Reben am Weinstock, genannt nach Christus. Wir sind das Wasser, das aus der Quelle namens Christus fließt. Wir sind der Leib der Kirche, der wesenhaft verbunden ist mit dem Haupt, Christus. Aber auch Christus, das Haupt, ist völlig eins mit dem Leib: „Denn wir sind Glieder seines Leibes." (Eph 5,30) Außerdem werden wir angeleitet, *bis zum Haupt hinaufzuwachsen* [Eph 4,15 aus dem engl. Wortlaut übersetzt], eine Anweisung, welche die Ansicht widerlegt, daß Epheser 5,23 eine einseitige Unterordnung der Frau unter den Mann lehren soll. Da Kopf und Leib voneinander abhängen, stellt das Bild die wesenhafte Ganzheit und Gegenseitigkeit dar.

Was hat das alles mit den weiblichen Bildern von Gott zu

tun? Soviel: Weil wir Anteil an der göttlichen Natur haben, ist Gottes Liebe zu uns mit der auf Gleichheit beruhenden Liebe einer Person der göttlichen Dreieinigkeit zur anderen gleich. Gott liebt sein Selbst in unserem tiefsten Selbst. Daher kann uns nichts von der Liebe Gottes scheiden (Röm 8,35–39). Deshalb ist Gegenseitigkeit gleicher Partner das neutestamentliche Modell für menschliche Beziehungen überhaupt und verkörpert die einzig angemessene Art der Beziehung zwischen den verschiedenen Manifestationen oder Verkörperungen des Seins Gottes.

Wenn wir aus dieser erstaunlichen, aber durchaus biblischen Perspektive das Hohelied Salomos betrachten, können wir es als Darstellung der Liebe Gottes zu seinem Selbst verstehen. Das Buch muß keineswegs allegorisch gelesen werden, man kann es rein als literarisches Werk ansehen, als ein Gedicht von menschlicher Liebe in all ihrer Schönheit und Leidenschaft. Durch die Jahrhunderte wurden auch andere Bedeutungsebenen gesehen. Jüdische Leser haben das Gedicht als Beschreibung der Liebe zwischen Gott und Isreael betrachtet, wobei der König, der sich zwischen den Schäfer und seine Geliebte zu stellen versucht, die Versuchungen dieser Welt symbolisiert. Mystiker interpretierten das Buch immer als Darstellung der Sehnsucht der Seele nach dem häufig abwesenden Schäfer-Liebhaber. Andere haben es als Fruchtbarkeitsmythos von der Heirat des Sonnengottes mit der Göttin „Mutter Erde" gelesen. Die Christen schließlich haben im Lied Salomos die Liebe zwischen Christus und der Kirche dargestellt gefunden.

Das Patriarchat geht davon aus, daß Gott männlich ist – in allen drei Personen –, weshalb die Kirche nur weiblich, untergeordnet und „anders" sein kann. Wenn wir uns von dieser Annahme befreien, werden wir fähig, uns eine wesenhafte menschliche Einheit mit der göttlichen Natur, an die wir vorher nicht gedacht haben, vorzustellen. Der auferstandene Christus, Jesus von Nazareth in seinem Auferstehungsleib, der alle Begrenztheiten überwindet, wird nicht länger durch menschliches Mannsein eingeschränkt. Stattdessen wird der auferstandene

Christus mit uns allen zu einem Leib. Christus, der Bräutigam, ist zugleich Christus, die Braut, aufgrund leiblicher Identifikation. Aus diesem Grund sollten wir vom auferstandenen Christus nicht mehr ausschließlich als *er* sprechen, ebensowenig von irgendeiner anderen transzendenten Manifestation Gottes. (Auch von der Kirche sollte nicht länger ausschließlich als *sie* geredet werden.) Gemäß dem Neuen Testament wird der auferstandene Christus zur neuen inneren Natur jedes Mannes *und jeder Frau*, die willens sind, die alte Natur mit ihren Neigungen und Begierden kreuzigen zu lassen. Christus *ist* die Kirche, die Kirche *ist* Christus.

In dieser Perspektive ist das Lied der Lieder die Geschichte der Liebe von Gottes Selbst zu seinem Selbst. Die überzeugende Kraft der Liebhaberin wie des Liebhabers ist daher ein Zeichen für eine Beziehung echter Partnerschaft innerhalb der Gottheit. Im Neuen Testament gibt uns Johannes 17,26 einen Einblick in diese Liebesbeziehung: Jesus betet: „... damit die Liebe, mit der du mich geliebt hast, in ihnen ist und damit ich in ihnen bin". Aber das Hohelied beschreibt die Beziehung mit der ganzen heiligen Verzückung einer Liebe, die stark ist wie der Tod. Die Liebhaberin ist eine unabhängige Person, die Weinberge (1,6) und Viehherden (1,8) besitzt und sich völliger Gleichheit mit ihrem Liebhaber erfreut. Er gehört ihr, wie sie ihm gehört (2,16; 6,3). Darüberhinaus „ist sein Verlangen nach ihr (7,11) dem Urteil in Genesis 3,16 entgegengesetzt, daß sie Verlangen habe nach ihrem Mann, dieser aber über sie herrschen werde. Im Lied der Lieder wird sündige, freudlose Unter-/Überordnung in Gegenseitigkeit und Freude verwandelt."[1] Wenn uns der Vorschlag, daß die geliebte Frau im Lied der Lieder ein Bild von Gott sein könnte, ein wenig entsetzt, sagt das vielleicht nicht nur etwas über die Stärke unserer Vorstellung von der Geschlechterhierarchie aus, sondern auch über unsere Befangenheit gegenüber menschlicher Körperlichkeit und Sexualität.

Christus ist oft als „Rose von Scharon und Lilie im Tal" besungen worden, aber im Hohenlied (2,1) ist es eindeutig *die*

Frau, die sich selbst diese Namen gibt. Selbst wenn die Identität des Sprechers ungewiß ist, könnte das – wie Phyllis Trible erläutert – für Beobachter ein Problem sein, aber nicht für „die Beteiligten, die wissen, daß sich in der Liebe alle Namen vermischen".[2] So befinden wir uns auf sicherem Boden, wenn wir die folgende und ähnliche Passagen als Beschreibung von Christus lesen, dessen wahres Selbst im weiblichen Bild einer geliebten Frau gezeigt wird: „Doch einzig ist meine Taube, die Makellose, die einzige ihrer Mutter, die Erwählte ihrer Gebärerin ... die da erscheint wie das Morgenrot, wie der Mond so schön, strahlend rein wie die Sonne, prächtig wie Himmelsbilder" (6,9–10). Da der Mond traditionell weiblich und die Sonne männlich ist, ist das Bild bemerkenswert androgyn. Es erinnert mich an die machtvolle Frau in Offenbarung 12, die mit der Sonne bekleidet auf dem Mond steht. Christliche Exegeten meinen, daß sie die Kirche symbolisiere,[3] die Geliebte Christi und also auch Christus, den Geliebten.

In den vergangenen Jahrhunderten haben diejenigen, die nicht glauben konnten, daß eine freimütige sinnliche Verherrlichung der Liebe in die Bibel gehöre, darauf bestanden, das Hohelied als Allegorie zu lesen. Die Allegorie ist eine Geschichte, deren Handlung über sich selbst hinaus auf eine andere Bedeutungsebene weist. Aber es ist viel einsichtiger, das Buch symbolisch zu verstehen. Ein Symbol hat Bedeutung in sich selbst und deutet zugleich auf andere Bedeutungen. In christlicher Sicht ist das Lied Salomos eigentlich eine symbolische Verherrlichung einer romantischen Liebe zwischen gleichen Partnern und stellt nicht nur die Liebe zwischen Christus und der Kirche, sondern auch die Liebesbeziehung innerhalb der Gottheit dar. Auf jeder Ebene ist die Beziehung völlig gegenseitig, wie Trible hervorhebt: „Da [im Hohenlied] gibt es keine männliche Vorherrschaft, keine weibliche Unterordnung und überhaupt keine Festlegung für beide Geschlechter ... Liebe um der Liebe willen ist die Botschaft (des Buches) ... Es ist eine Symphonie der Erotik."[4]

Durch unsere wesenhafte Identifikation mit dem Gesalbten,

dem Christus, sind wir in die Liebesbeziehung der Gottheit miteinbezogen. Öffnen wir uns dieser Deutung, könnte das in unserem Selbstverständnis als christliche Frauen und Männer Wunder bewirken. Ebenso könnte es ein heiliges und heilendes Licht auf unsere geschlechtlichen Bestrebungen werfen. Und es könnte uns an die Verantwortung dafür erinnern, die Verkörperung, Manifestation oder Inkarnation der Liebe Gottes zu der Welt, in der wir leben, zu sein.

13

Gott unsere Hilfe

Der Schöpfungsbericht in Genesis 2 schildert Gottes Sorge um Adam, das irdische Geschöpf, das allein im Garten ist. „Ich will ihm eine Hilfe machen, die ihm entspricht“, sagt Gott, schuf sogleich die Tiere und Vögel und brachte sie Adam, daß er Namen für sie finde. „Aber eine Hilfe, die dem Menschen entsprach, fand er nicht.“ Schließlich versetzt Gott das irdische Geschöpf in einen tiefen Schlaf und holt aus seiner Seite die Frau hervor; in Beziehung zu ihr wird Adam zum Mann.[1] Weil die Frau eine „Hilfe“ für den Mann ist, wird von ihm erwartet, über jede vorherige Beziehung in seinem Leben hinauszugehen und „ein Fleisch“ mit ihr zu sein.

Wie die meisten in der Bibel bewanderten Feministen/innen wissen, heißt „Hilfe“ hebräisch *ezer neged*, was in etwa „geeignete“ oder „entsprechende“ Hilfe bedeutet. Der Abschnitt zielt also auf die Einzigartigkeit menschlicher Beziehungen, die in dieser Art nicht mit Tieren, Fischen oder Vögeln, gleich wie lieb sie uns als Haustiere sein mögen, gepflegt werden kann.

Viele von uns kennen die patriarchalischen Interpretationen, die *ezer neged* auf „Gehilfin“ reduzieren, als ob die Frau dem Mann nur deshalb zugesellt worden sei, um ihm in einer zweitrangigen und beistehenden Rolle als seine Hilfe zu dienen. Aber *neged* betont nicht das „Geselle sein“, eher unterstreicht es den Aspekt der „Entsprechung“ oder „Eignung“ und deutet daher Gleichheit an. Die eindrucksvollen Assoziationen des Wortes *ezer*, die sich ansonsten aus dem Gebrauch des Wortes ergeben, schließen jede unterordnende Absicht im Gebrauch des Wortes durch den Erzähler in Genesis aus.

Ezer wird zweiundzwanzigmal in den hebräischen Schriften benutzt. Dreimal bezieht es sich auf lebensnotwendige menschliche Hilfeleistung in Augenblicken höchster Not; sechzehnmal ist Gottes direkte Hilfe für Menschen gemeint und zweimal wird es speziell für Eva, die menschliche Frau verwendet.

Offenbar dient ein Wort, das sechzehnmal für göttliches Handeln benutzt wird, der Verherrlichung und dem Lobpreis und enthält keine herabwürdigende Bedeutung. Noch wichtiger ist der Umstand, daß in der Bibel das Wort *ezer* nur zweimal für gesondert benannte Personen verwendet wird, Gott und Eva. Offensichtlich ist die Frau in ziemlich einzigartiger Weise das Medium für Gottes Hilfe in der Welt, und außerdem ist Gott direkt *ezer* für die Menschheit. Wenn in die Deutung des Umstandes, daß die Frau *ezer* des Mannes ist, Aspekte des Dienens eingehen, handelt es sich nicht um erniedrigende Sklaverei, sondern vielmehr um Dienst, der auf der Überlegenheit einer glaubwürdigen, innerlich motivierten Wahl beruht – die Art des Dienens, die der Schöpfer gegenüber seinen Geschöpfen ausübt. Gott ist nicht immer auf dem Sprung, um das naturgegebene Ursache-Wirkung-Verhältnis zu unseren Gunsten zu beeinflussen, stattdessen lieben wir und Gott uns gegenseitig und bestärken einander, solange wir in Berührung mit Christus, dem Zentrum und der Quelle unseres Seins bleiben. Die Analogie zur Heirat ist deutlich genug und wurde von Paulus in Epheser 5 im einzelnen ausgeführt.

Im Blick auf das sehr häufig benutzte Bild von Gott als Vater hebt Linda Clark hervor, daß „es eine Wechselwirkung zwischen den beiden Begriffen einer Metapher gibt. Daher wird die Bestimmung ihrer Bedeutung wechselseitig vorgenommen, von den Vätern auf Gott *und von Gott auf die Väter.* In *beiden Richtungen* vollzieht sich ein Bedeutungswandel: Gott ist vaterähnlich und *Väter sind gottähnlich.*"[2] Glücklicherweise können wir, wenn wir die biblischen Bilder eines weiblichen Gottes wiederentdecken, diesen Vorgang auch *für* die Frauen ausnutzen, so wie er über Jahrhunderte *gegen* uns verwendet wurde. Der Umstand, daß in der Bibel das Wort *ezer* für Eva und Gott benutzt wird, schafft eine wichtige Analogie: Eva ist für Adam, was Gott für die Menschheit ist. Eva ist Adams *ezer*, Gott ist *ezer* für die Menschheit. Wenn wir uns dem öffnen, wirkt die Metapher tatsächlich in beide Richtungen. Wenn Gott *ezer*-ähnlich ist, dann heißt *ezer* des Mannes, gottähnlich zu sein.

Einige Abschnitte über Gott als *ezer* können die Wechselwirkung verdeutlichen, um ein neues Licht auf die Bestimmung der Frau als *ezer* des Mannes zu werfen. Zugleich können sie unsere Vorstellungen von Gottähnlichkeit neu beleuchten. Es heißt z. B. in Exodus 18,4, daß der Name *Eliezer* folgendes bedeutet: „Mein Gott ist eine Hilfe" [Übertragung aus dem Engl.]. In diesem Fall bezieht sich *ezer* speziell auf die Befreiung von der Herrschaft des Pharao. In Deuteronomium 33,26 ist die Rede von „Gott Jeschuruns, der in den Himmel steigt, um dir zu helfen (*ezer*)". In der Jerusalemer Bibel steht sogar noch deutlicher, daß Gott „im Himmel schwebt zu eurer Rettung". Psalm 70,6 wird ein Gebet ausgesprochen: „Ich aber bin arm und gebeugt, eile, o Gott, mir zu Hilfe! Meine Hilfe und mein Retter bist du. Herr, säume doch nicht!" Und in Hosea 13,9 wird Gott geschildert, wie er sagt: „O Israel, du hast dich selbst vernichtet, aber in mir ist deine Hilfe (*ezer*)" [Übertragung aus dem Englischen].

In diesen sehr typischen Abschnitten ist *ezer* derjenige, der stark und autonom ist und sich willentlich entschlossen hat, den Schwachen und Notleidenden zu Hilfe zu kommen. Selbstverständlich ist das genau die von Jesus gelehrte Auffassung des Dienens, die in den christlichen Schriften wiedergegeben wird. Macht soll nicht zur Vergrößerung der Macht der Mächtigen benutzt werden, sondern zur Stärkung anderer. Jesus sagt: „Wer bei euch der erste sein will, soll euer Sklave sein" (Mt 20,27).

Eines der traditionellen Argumente gegen die gegenseitige Untergebenheit von Eheleuten ist, daß die Ehefrauen einseitig ihren Männern untertan sein müssen, um die wahre Beziehung der Menschheit zu Gott zu demonstrieren. Ich bin manchmal – im triumphierenden Ton des „Nun hab' ich dich erwischt" – gefragt worden, ob ich glaube, daß Gott den Menschen dienen solle, da ich ja davon ausginge, daß Ehemänner im Sinn von Gegenseitigkeit ihren Frauen dienen sollten. Zwar enttäuschte ich die Fragenden offenkundig mit meiner bejahenden Antwort, doch tatsächlich lehrt die Bibel nicht nur gegenseitige Ergebenheit von Männern und Frauen, sondern auch von Gott und Mensch. Daß Gott Adam und Eva damit beauftragt hat, Aufseher über die Welt und Mitschöpfer der Gesellschaft zu sein (Gen 1,26–28), war sicherlich ein Akt der Unterwerfung von Gottes Seite, bei dem Gott freiwillig zurücktrat und sein Selbst beschränkte, indem er sich von seiner eigenen Schöpfung abhängig machte.

Eine der unmittelbaren Folgen des Sexismus ist, daß er uns blind macht für die demütige Nähe und innere Gegenwart Gottes, der uns *ezer*, unser Diener und Herr ist. Die Jungfrau Maria hatte Gottes Dienen begriffen, als sie sang: „Denn der Mächtige hat Großes an mir getan, und (Gottes) Name ist heilig. (Gott) erbarmt sich von Geschlecht zu Geschlecht, über alle, die (Gott) fürchten ... (Gott) stürzt die Mächtigen vom Thron und erhöht die Niedrigen. Die Hungrigen beschenkt (Gott) mit seinen Gaben ... (Gott) nimmt sich (Gottes) Knechtes Israel an ..." (Lk 1,49–54). Maria schildert hier Gott als den Koch und Wärter, der die Hungernden speist, und sie gibt uns eine vollkommene Beschreibung göttlich-menschlicher Gegenseitigkeit, wenn sie uns erzählt, daß Gott seinem eigenen Knecht gedient hat.

Die Evangelien berichten in vielen Geschichten, wie Jesus denen Kraft gibt, die seine Hilfe suchen, und wie er seinen Jüngern dient. Der Apostel Paulus brachte ebenfalls Gottes Dienen zum Ausdruck, als er vom Geist sprach, „der unseren Schwachheiten hilft" (Röm 8,26) [Übersetzung aus dem Englischen]. In Kolosser 1,17 wird Gottes Hilfe mit der Aussage, daß Christus alle Dinge zusammenhält, kosmisch gewendet. Sogar Jesus schildert Gott in Johannes 15,1 als den Diener der Menschheit: „Ich bin der wahre Weinstock, und mein Vater ist der Winzer." Wie Geoffrey Hoyland sagt: „Wir gehören Gott und (Gott) gehört uns; wir geben uns (Gott) und (Gott) gibt sich uns, darüber gibt es kein Wenn und Aber."[3] Folglich verwirklichen wir, wenn wir in respektvoller Gegenseitigkeit mit anderen Menschen leben, die Beziehung zwischen Geschöpf und Schöpfer.

Durch Eva sind die Frauen als *ezer* der männlichen Hälfte der Menschheit ausgewiesen. Die Frauen sind als unmittelbare Geschöpfe Gottes, der für uns *ezer* in den großen öffentlichen Angelegenheiten und in den kleineren inneren Krisen ist, ein einzigartiges Mittel für Gottes Macht in der Welt. Juliana von Norwich war freimütig genug, um in ihrem Buch über die göttliche Liebe Mutterschaft mit Gott in Verbindung zu bringen: „Die Mütterlichkeit zeigt sich in Liebe, Weisheit und Kenntnis. Und *Gott ist* die Mütterlichkeit."[4] Ich schließe mich Julianas Beispiel an und bin ebenfalls freimütig und eindeutig: Weil Gott *ezer*ähnlich ist – weil Gott frauenähnlich ist – sind Frauen gottähnlich.[5]

14

Gott als Bäckerin

Matthäus 13,33 überliefert folgendes Gleichnis Jesu: „Mit dem Himmelreich ist es wie mit dem Sauerteig, den eine Frau unter einen großen Trog Mehl mischte, bis das Ganze durchsäuert war." Lukas 13,20–21 benutzt dasselbe Bild für das Reich Gottes: „Womit soll ich das Reich Gottes vergleichen? Es ist wie der Sauerteig, den eine Frau unter einen großen Trog Mehl mischte, bis das Ganze durchsäuert war."[1]

Einige Gelehrte behaupten, daß der Sauerteig ein Symbol für Verderbnis und falsche Lehre sei, so daß in der Frau ein falscher Prophet oder eine dämonische Gestalt gesehen werden könnte. Ich erinnere mich an eine Predigt über dieses Gleichnis, als ich noch sehr jung war. Der Prediger erklärte, daß es auf folgende Aussage hinauslaufe: wenn Frauen die spirituelle Führerschaft übernehmen, ist das Ergebnis immer Häresie. Eine Folge dieser und ähnlicher Interpretationen war, daß wir Mädchen und Frauen still unter unseren Hüten saßen, auf den Heiligen Geist, der einige Männer zum Reden anleiten sollte, warteten und wußten, daß, wenn wir öffentlich aufstehen und die Führung durch den Geist für uns selbst beanspruchen sollten, man uns die Tür gezeigt hätte.

Es gibt mehrere Gründe, warum bestimmte Gelehrte diese kleine Geschichte negativ interpretieren. Erstens ist Sauerteig überall in der Heiligen Schrift ein negatives Symbol – daher die Forderung nach ungesäuertem Brot am Paschafest. Matthäus 16,11 wird der Sauerteig als Bild für die falsche Lehre der Sadduzäer und Pharisäer verwendet, während das Wort 1. Korinther 5,6–8 für moralische Verantwortungslosigkeit steht. Zweitens weisen mehrere der Geschichten in Matthäus 13 darauf hin, daß das Böse ins Himmelreich eindringen *kann*: Unkraut wird im Weizenfeld ausgesät und schlechter Fisch im gleichen Netz wie guter gefangen.

Es ist jedoch völlig offensichtlich, daß speziell in diesem Gleichnis der Sauerteig ein positives Symbol und die Bäckerin ein Bild für Gott ist. Es gibt zu den Gleichnissen vom Weizenfeld und vom Fischnetz einen wesentlichen Unterschied. In ihnen führt Jesus zuerst ein positives Symbol ein, anschließend zeigt er, wie Verderbnis eindringen kann: „Mit dem Himmelreich ist es wie mit einem *Mann, der guten Samen* auf seinen Akker *säte*" (Mt 13,24). Und: „Weiter ist es mit dem Himmelreich *wie mit einem Netz,* das man ins Meer warf, um Fische aller Art zu fangen" (Mt 13,47). Aber in Matthäus 13,33 vergleicht Jesus das Himmelreich unmittelbar mit der Hefe: „Mit dem Himmelreich ist es wie mit dem Sauerteig". Es folgt kein negatives Bild.

Darüber hinaus unterscheidet sich das Gleichnis vom Sauerteig von den beiden anderen, die vom Eindringen der Verderbnis ins Himmelreich sprechen, insofern als es Lukas 13 als Gleichnis für das Reich Gottes benutzt wird. Weder das Gleichnis vom Fischnetz noch das vom Weizenfeld erscheint in Lukas 13, wo nur das Senfkorn und der Sauerteig als Vergleich zur Klärung des Wesens des Reiches Gottes dienen.

Warum hat Jesus in diesem Gleichnis das Bild vom Sauerteig in positivem Sinn eingesetzt, obwohl er selbst vor dem Sauerteig der Pharisäer und Sadduzäer gewarnt hat? Offenbar dachte Jesus in jedem einzelnen Fall an die eigentümliche Wirkung des Sauerteigs im Mehl – eine Art von Fäulnis oder Gärung, bei der sich die Beschaffenheit des Mehls, je nachdem wie man es betrachtet, zum Guten oder Schlechten verändert. Jesus war offensichtlich mit der weiblichen Arbeit des Brotbackens vertraut, und obwohl er die traditionelle jüdische Einstellung gegenüber Sauerteig kannte, muß er zur Genüge gesäuertes Brot genossen haben, um in der Hefe auch den positiven Einfluß sehen zu können. Gerade wie die Hefe den Trog Mehl durchdringt und zum Gehen bringt, so kann guter Einfluß alle Ansichten und Handlungen in einer Gesellschaft durchdringen. Harrell F. Beck von der Boston University School of Theology drückt das so aus: „Im Gleichnis vom Sauerteig (Mt 13,33; Lk 13,20–21) wird Sauerteig in gutem Sinn verwendet, denn Jesus vergleicht das ruhige, unablässige Wachsen des Reiches Gottes (unter der Menschheit) mit der durchdringenden und angleichenden Wirkung der Hefe."[2]

Was berechtigt uns, in der Frau ein Bild Gottes zu sehen? Die Antwort ergibt sich aus der Parallelität der Gleichnisse in Matthäus 13. Wer sät den Weizen und befiehlt, als der Feind Unkraut sät, daß Weizen und Unkraut zusammenwachsen sollen? Wer ist der Schatz im Feld? Die wertvolle Perle? Wer ist der Besitzer des Netzes, dessen Fischer die guten von den schlechten Fischen trennen? Jesus hilft uns bei der Beantwortung dieser Fragen, denn er legt zwei der Gleichnisse für uns aus. Die Engel Gottes werden die Bösen von den Gerechten trennen, erklärt Jesus über den Fisch im Netz; so ist für das Feld „der Sämann des guten Samens ... der Menschensohn" (d. h. Christus). Dem Prinzip des Parallelismus zufolge ist die Frau, die Hefe unter den Trog Mehl mischt, ebenfalls ein Bild von Gottes Handeln, ein weiteres Beispiel dafür, wie Jesus das göttliche Wesen mit weiblichen Begriffen schildert. Hätte Jesus das auf dem Hintergrund seiner Zeit und Kultur nur einmal getan, wäre das Beispiel völlig außergewöhnlich gewesen. Der Umstand jedoch, daß er es wiederholt getan hat, bringt eindeutig seine Auffassung von der Gleichheit aller Menschen zum Ausdruck.

Wenn Jesus sich selbst das lebendige Brot, das Brot des Lebens, das Brot vom Himmel (Joh 6,31–35) nennt, benutzt er ebenfalls ein Bild aus der weiblichen Lebenswelt. Wenn Gott die Israeliten mit Manna vom Himmel versorgt hat, wird er mit einem himmlischen Bäcker verglichen – es waren aber *Frauen*, denen in der hebräischen Gesellschaft das Backen oblag. Wenn Jesus „Gottes Brot (ist) ..., das vom Himmel herabkommt", dann ist Gott der Bäcker – es waren aber die *Frauen*, die im 1. Jahrhundert in Palästina Brot backten.

Alla Bozarth-Lampbell hat die persönliche Bedeutung dieses schönen Gottesbildes in der ersten Strophe ihres Gedichtes „Bakerwoman God“ eingefangen:

> Gott, Bäckerin
> ich bin dein lebendiges Brot.
> Starke, braune Bäckerin Gott,
> ich bin dein schwacher, weicher und
> geformter Laib.
> Ich bin dein Brot, das geht, gut geknetet
> von göttlichen, knotigen
> Knöcheln, von deinen warmen Erd-Händen.
> Ich bin gut geknetetes Brot.[3]

Wir sind so wie Christus in dieser Welt: das lebendige Brot, gebacken von der göttlichen Bäckerin.

15

Gott als Adlermutter

Es gibt zwei Arten von Flügel-Bildern in der Bibel. In den einen verbirgt sich ein Mensch sicher *unter* Gottes schützenden Flügeln. In den anderen wird ein Mensch *auf* göttlichen Flügeln empor gehoben. Ich glaube, daß ich von beiden Arten dieser Flügel-Bilder zeigen kann, daß sie Gott in einer weiblichen Rolle schildern. Wie wir im nächsten Kapitel sehen, sind die Unter-den-Flügeln-Bilder vorwiegend Bilder von Gott als Henne, obwohl nichts dagegen spricht, in den meisten Abschnitten, wo das Bild erscheint, uns auch eine nistende Taube, einen nistenden Adler oder irgendeinen anderen Vogel vorzustellen. Dagegen sind die Auf-den-Flügeln-Bilder Schilderungen von Gott als Adlermutter.

In Bezug auf Jakob, der für das ganze Volk Jahwes steht, heißt es Deuteronomium 32,11–12: „... wie der Adler, der sein Nest beschützt und über seinen Jungen schwebt, der seine Schwingen ausbreitet, ein Junges ergreift und es flügelschlagend davonträgt. Der Herr allein hat Jakob geleitet ...“ Ähnlich wird Exodus 19,4 geschildert, wie Gott den Kindern Israels sagt: „Ihr habt gesehen, was ich den Ägyptern angetan habe, wie ich euch auf Adlerflügeln getragen und hierher zu mir gebracht habe.“ Und in Ijob 39,27–30 fragt Jahwe Ijob aus dem Wirbelwind: „Fliegt auf dein Geheiß der Adler so hoch und baut seinen Horst in der Höhe?“ Die unausgesprochene Antwort auf diese rhetorische Frage ist natürlich, daß das Adlerweib ein Ausdruck des Willens Gottes, nicht Ijobs ist. In Deuteronomium und Exodus wird nicht einfach beschrieben, wie das Adlerweib sich gemäß Gottes Willen verhält, sondern beide

Male wird *Gottes Wesen in Beziehung zu seinen Kindern geschildert.*

Während die traditionellen Bilder Gott häufig als männlich und Gottes Kinder in Beziehung zu ihm weiblich darstellen, kehrt das Bild vom Adler – wie alle weiblichen Bilder von Gott – diesen Vergleich um. Gott ist die Adlermutter und wir Menschen sind die jungen Adler, die lernen, sich selbst zu erhalten (Ijob 39 beschreibt weiter den Vorgang, wie die Adlermutter ihre Jungen das Jagen lehrt). Wenn das Geschlecht der Jungen überhaupt angedeutet oder näher bestimmt wird, scheint es wie in den Parallelismen von Jesaja 40,31–32 männlich zu sein: „Die Jungen werden müde und matt, junge Männer stolpern und stürzen. Die aber, die dem Herrn vertrauen, schöpfen neue Kraft, sie bekommen Flügel wie Adler."[1]

Das biblische Bild von Gott als weiblichem Adler, in dem die Menschheit männlich oder geschlechtsunspezifisch erscheint, ist besonders wichtig, weil bestimmte Christen, wie ich schon früher erwähnt habe, auf der weiblichen Unterordnung bestehen, da sie in der Bibel die Menschheit weiblich in Bezug auf eine männliche Gottheit dargestellt finden. Ich habe wiederholt Äußerungen des Inhalts gehört: Wenn eine Ehefrau verabsäumt, ihrem Ehemann zu gehorchen, führt dies dazu, das menschliche Bewußtsein von der gebührenden Unterordnung der Geschöpfe unter den Schöpfer aufzulösen. Eine derartige Vergötzung des Mannes wird mit den Hinweisen auf die biblischen Bilder von Gott als Vater und Ehemann nur dünn verschleiert. Selbst wenn es keine anderen Darstellungen eines weiblichen Gottes gäbe als die von der Adlermutter, sollten sie zur Zurückweisung der Ansicht ausreichen, es sei Gottes Absicht gewesen, aufgrund einer göttlich-menschlichen Parallele ein Geschlecht dem anderen unterzuordnen. Vielmehr zeigen die Bilder von der Adlermutter einen Gott, der *aktiv versucht, Gleichheit zu schaffen, indem er die Adlerjungen ermutigt,* für sich selbst zu sorgen. Deshalb bestärken diese Bilder keine Über- und Unterordnung, nicht in unserer Beziehung zum Schöpfer und schon gar nicht in unseren Beziehungen zu anderen Menschen!

In Deuteronomium 32 und Ijob 39 wird geschildert, wie die Adlermutter ihren Jungen beibringt, zu fliegen und eigene Nahrung zu suchen. Ich habe mir beschreiben lassen, wie die Adlermutter ihre Jungen auf den Flügeln trägt, plötzlich hinabsaust, um sie zum Selbstfliegen zu zwingen, während sie in der Nähe bleibt, um wieder unter sie zu sausen, wenn sie zu müde werden, um allein weiterzufliegen. Welch ein Bild von einem liebenden Gott, der pfleglich für uns sorgt, wenn wir schwach sind, aber dennoch unsere Reife und innerliche Stärke als Ziel im Auge behält, anstatt uns in ungesunder Abhängigkeit von einer Kraft außerhalb unser selbst zu halten!

Vor mehreren Jahren hatte ich einen merkwürdigen Traum von einem Adler. Er saß in einem riesigen Zirkuszelt auf einem Pfosten, etwas höher als meine Augen. Von dort blickte der Adler in meine Augen herunter mit der fröhlichsten und zärtlichsten Liebe, die man sich vorstellen kann. Am nächsten Tag schlug ich in meinen Büchern über Träume und Symbole nach und erfuhr, daß der Adler ein Symbol für Vater, göttliche Majestät, Herrschaft und Heldentum ist, weil er mit der Sonne und männlicher Zeugungskraft, mit hohem Flug und Geschwindigkeit in Verbindung gebracht wird. Ich wurde daran erinnert, daß Dante den Adler „Vogel Gottes" genannt hat.

Während ich mich freute, von Gottes Zärtlichkeit mir gegenüber geträumt zu haben, war ich zugleich als Feministin darüber enttäuscht, daß aus meinem Unterbewußten männliche Symbole von Gott auftauchten. Der Traum stellte offensichtlich eine Warnung dar, daß mein Innerstes immer noch sexistisch war. Natürlich sah ich Adler nur so, wie sie mir durch das Interpretationsmuster meiner Bücher und Kommentare über Symbole erschienen. Aus diesem Grund hatte ich gar nicht bemerkt, daß in der Bibel Gott mehrere Male als *weiblicher* Adler dargestellt wird.

Da die King James Bibel als einzige während meiner Jugendzeit in der Kirche benutzt wurde, hätte ich die Bilder von Gott als Adlermutter eigentlich bemerken können. Sie wurden von dieser Übersetzung nicht im geringsten verschleiert, sondern nur von meinen eigenen sorgsam gepflegten Erwartungen. Einige andere Übersetzungen von Deuteronomium 32,11–12 sollen jedoch zeigen, wie die Art der Übersetzung ein weibliches Gottesbild verschwinden lassen kann. In der Jerusalemer Bibel steht: „... wie ein Adler, der sein Nest beschützt und über seinen Jungen schwebt, der seine Schwingen ausbreitet, ein Junges ergreift und es flügelschlagend davonträgt". [Das entspricht der deutschen Einheitsübersetzung]. Wer diesen Abschnitt laut gelesen hört, wird mit männlichen Pronomen überhäuft; der Adler wird nur sächlich oder männlich gesehen. Da in Wirklichkeit die Adlermutter viel länger über den Eiern brütet als der Adler, auch viel mehr auf Jagd geht (außer in den ersten Tagen, wenn sie das Fleisch, das der Adler erbeutet hat, für die gerade ausschlüpfenden Jungen zerreißen muß), und da sie größer und stärker ist als der männliche Adler,[2] war es nur recht und billig, daß die Übersetzer der King James Bibel weibliche Pronomen verwendeten, um zu verdeutlichen, daß Deuteronomium 32 von Gott als Adlerweib spricht. Die Übersetzer der Jerusalemer Bibel haben dagegen die Adlermutter in einer patriarchalischen Verwechslung verschwinden lassen. In der New English Bible ist es genau das gleiche, ebenso in der Revised Standard Vision. Kein Wunder, daß das Bild des Adlers vielen Lesern als ein männliches erscheint!

Falls wir eine weitere Bestätigung benötigen, die biblischen Bilder vom Adler weiblich zu verstehen, finden wir sie in Offenbarung 12. Während im mittleren Teil des Kapitels das Bild eines himmlischen Krieges gezeigt wird, schildern der erste und letzte Teil den Sieg einer Frau und ihrer Nachkommen mit völlig gewaltlosen Mitteln. Zu den pazifistischen Methoden gehört, daß „ihr ein riesiges Paar Adlerflügel gegeben werden, um vor der Schlange in der Wüste zu fliehen"; auf diese Weise wird die Absicht der Schlange, die Frau zu töten, abgewehrt.

Da Frauen in der Bibel relativ selten im Mittelpunkt stehen, ist es notwendig, dem Geschehen in Offenbarung 12 Aufmerksamkeit zu schenken. Das göttliche Vorhaben richtet sich auf eine Frau, die nicht nur den Göttlichen hervorbringt – ihr Kind wird unmittelbar zu Gottes Thron entrückt –, sondern die *selbst* symbolisch Göttlichkeit annimmt, indem sie mit den Flügeln eines großen Adlers fliegt. Diese mächtige Frau, deren Kleid die Sonne ist und die auf dem Mond steht, ist traditionell mit der Kirche gleichgesetzt worden, deren Glieder durch den Glauben wiederum mit Christus, dem Erstgeborenen der Menschheit, gleichgesetzt werden. Charles John Ellicott verbindet zu Recht die Adlerflügel der Frau mit denen in Exodus 19,4 und Deuteronomium 32,10–12,[3] obwohl er nicht darauf eingeht, daß alle diese Bilder Gott als weiblichen Adler darstellen. In Offenbarung 12 wird tatsächlich eine weibliche Kirche vergöttlicht, und sie nimmt daher die Flügel Gottes, der großen Adlermutter an. Der Vorgang wird von Katharina von Siena in „Ewiger Gott" so beschrieben: „Ich, Gott, wurde Mensch und die Menschheit wurde Gott durch die Vereinigung meiner göttlichen Natur mit eurer menschlichen. Diese Erhabenheit wird allgemein jedem Menschen zuteil ..."[4]

Die Struktur von Offenbarung 12 zeigt deutlich noch einen anderen Sachverhalt: der weibliche, friedliche Sieg über die Schlange (Drachen) umgibt das männliche, kriegerische Bild. Phyllis Trible hat das Gedicht in Jeremia 31,15–22 analysiert und gezeigt, daß Form und Inhalt einen weiblichen Körper darstellen: „Denn etwas Neues erschafft der Herr im Land: Die Frau wird den Mann umgeben" (Jer 32,22).[5] Dasselbe geschieht in Offenbarung 12. Zweifellos erfahren wir auch etwas über uns selbst, nämlich daß in der Geschichte des Christentums die Bilder weite Verbreitung gefunden haben, die den männlich orientierten, kriegerischen Vorstellungen von Offenbarung 12 verpflichtet sind: „Vorwärts, christliche Soldaten", „Die Kampfhymne der Republik", „Eine feste Burg ist unser Gott" und alle anderen. In einer Welt, die zitternd am Rand einer nuklearen Katastrophe steht, sollten wir uns unmißverständlich von den militaristischen Bildern abwenden und uns den weiblichen, gewaltlosen Bildern, wie sie in Offenbarung 12,1–6 und 13–17 enthalten sind, zuwenden!

Es sind durch die Jahrhunderte nicht alle Christen gegenüber dem Umstand blind gewesen, daß die alttestamentlichen Bilder, die zeigen, wie jemand auf Gottes Flügeln getragen wird, weiblich sind. Adam von Perseigne, ein Zisterzienserabt im 12. Jahrhundert, schrieb über die Aufgabe eines Bischofs, daß er „in Wort und Beispiel über seinen Schützlingen flattern und sie auf seinen Flügeln tragen solle wie die Adlermutter, die ihre Jungen zum Fliegen antreibt".[6] In unserer Zeit hat Laurence G. Bernier zu demselben Bild ein Lied verfaßt, das auf die Melodie des Gospelsongs „Stand Up, Stand Up for Jesus" gesungen wird:

Unser Gott ist wie ein Adler

Als Israel am Sinai lagerte, hörte Moses von Gott.
Gib diese Botschaft dem Volk, und gib ihnen dieses Wort,
Aus Ägypten zog ich mit euch und trug euch auf meinen Flügeln,
Die ganze große Nation habe ich von der Sklaverei befreit.

Gerade wie eine Adlermutter, die ihren Jungen beim Fliegen hilft,
Bin ich für euch eine Mutter, eure Bedürfnisse werde ich stillen.
Und ihr seid wie meine Kinder, die meine Stimme hören.
Ich bin eine Mutter für dich, Volk meiner Wahl.

Wenn Gott wie eine Adlerfrau ist, die ihren Jungen hilft, frei zu sein,
Und er auch Vater ist, was ist dann mit dir und mir?
Wir haben keine Angst vor Festlegungen und Rollen,
Wenn in Gottes Selbst alles vermischt ist, streben wir das gleiche Ziel an.

Unser Gott ist keine Frau, unser Gott ist kein Mann,
Unser Gott ist beides und keines, unser Gott ist Ich, der ich bin.
Von allen Rollen, die uns binden, hat unser Gott uns freigesetzt.
Welche Freiheit gibt uns Gott? Die Freiheit zu sein.[7]

Dieses Lied zeigt deutlich, warum einige Leute so sehr darauf bedacht sind, zu leugnen, daß in der Bibel jemals Gott mit einer Frau oder irgendeinem weiblichen Geschöpf verglichen wird. Je mehr Kraft für die Erhaltung des *status quo* bei der männlichen/weiblichen Sozialisation und bei der Geschlechtsrollenverteilung aufgewendet wird, desto bedrohlicher sind die biblischen Bilder von Gott als Frau. Wenn also in Gottes eigenem Wesen – wie es im Lied heißt – die männlichen und weiblichen Rollen vereint sind, dann sind die Menschen frei zur Entwicklung ihrer eigenen Gaben, ohne sich um die Geschlechtsrollenzuschreibungen der Gesellschaft kümmern zu müssen. Daß dies Gottes Absicht entspricht, wird von vielen Aussagen in der Bibel belegt: z. B. durch den Auftrag an *beide* Geschlechter in Genesis 1, für die Schöpfung zu sorgen. Oder durch die Zusicherung, daß in Christus die geschlechtlichen Barrieren überwunden sind; oder durch die androgyne Vorstellung, nach der Frauen und Männer als Braut Christi, Männer und Frauen als Söhne Gottes bezeichnet werden.[8]

Von einem anderen Standpunkt aus ist Gott, wie das Lied hervorhebt, weder Mann noch Frau. Die biblischen Bilder eines weiblichen Gottes, die wie ein „Bericht über Minderheiten" neben den überwiegenden männlichen Gottesbildern stehen, helfen uns, diese Tatsache im Gedächtnis zu behalten. Die jüdisch-christliche Gewohnheit, fast nur männliche Hinweise auf Gott zu benutzen, mit ausschließlich männlichen Pronomen, hat uns zwangsläufig zur Vergötzung des Mannes geführt. Der Bibel zufolge ist unser Gott männlich und weiblich und zugleich weder männlich noch weiblich. Die Sprache des Gebets, der Liturgie, der Predigt und Lieder hat das entsprechend widerzuspiegeln.

Genesis 1,2 wird erzählt, daß „der Geist Gottes sich über dem Wasser bewegte". Das Wort *rachaph,* hier mit „bewegen über" oder „schweben" übersetzt, bedeutet auch „schütteln" und „flattern". Das Wort wird nur dreimal im Alten Testament gebraucht, und nur zweimal in Bezug auf Gottes Handeln. Abgesehen von Genesis 1,2 wird *rachaph* für Gott nur in Deuteronomium 32,11–12 verwendet, wo Gott als weiblicher Adler über seinen Jungen flatternd beschrieben wird. Obwohl durch den enormen Einfluß von Miltons *Paradise Lost* (Das verlorene Paradies) in Genesis 1,2 das Bild einer Taube gesehen wird, macht der vergleichbare Gebrauch von *rachaph* in Genesis und Deuteronomium es eher wahrscheinlich, daß *das allererste Bild in der Bibel Gott als Adlermutter darstellt,* die *flatternd über den Wassern* das Universum hervorbringt.

Unter den ägyptischen Hieroglyphen wird der Buchstabe A durch einen Adler dargestellt, der für den Ursprung aller Dinge und die Wärme des Lebens steht. Wir fordern nur unser biblisches und kulturelles Erbe zurück, wenn wir diesen Ursprung nicht in Begriffen weiblicher Beteiligung an der Geburt und Aufzucht sehen. Gott ist unsere Adlermutter.[9] In sie setzen wir unser Vertrauen.

16

Gott als Henne

Die deutlichste und für Christen maßgebliche Verwendung des Bildes von der Henne befindet sich in Matthäus 23,37 (und Lukas 13,34), wo uns berichtet wird, wie Jesus klagte: „Jerusalem, Jerusalem, du tötest die Propheten und steinigst die Boten, die zu dir gesandt sind. Wie oft wollte ich deine Kinder um mich sammeln, so wie eine Henne ihre Küken unter ihre Flügel nimmt; aber ihr habt nicht gewollt." Das Wesentliche dieser Klage für uns heute ist selbstverständlich nicht, daß das Volk von Jerusalem verstockt war und sich vor der Liebe Gottes, wie Jesus sie ihnen darbot, fürchtete, sondern eher, daß wir selbst das Volk von Jerusalem sind. *Wir* sind das Volk, das die Propheten, die uns aufrüttelnde Einsichten bringen, umbringt, meistens nicht durch Hinrichtung, sondern eher durch übles Gerede, öffentliche Ächtung und persönliche Ablehnung. *Wir* sind das Volk, das dem Kind in uns verwehrt, sich unter die schützenden Flügel Gottes zu kuscheln. Weil wir eine tiefsitzende Furcht davor haben, im höchsten Maß gekannt und geliebt zu werden, entdecken wir, daß wir (allzu oft) die Küken sind, die *nicht eingesammelt werden wollen.*

Der Unterschied zwischen Gott-als-Henne und Gott-als-Adler ist der zwischen innigem Beieinander und kraftvoller Verstärkung. Wir brauchen beides. Manchmal sind besonders Feministinnen dazu bestimmt, die soziale Prägung zu überwinden, indem sie selbst-erhaltend und autonom werden und auf diese Weise versuchen, das kleine Kind im Innern, das nach Nahrung und Pflege schreit, zu unterdrücken. Aber das Kind in uns kann nicht verleugnet werden, ohne daß wir ernsthaften

Schaden an unserem inneren Wesen nehmen. Derselbe Gott, der als Adlermutter uns aus dem Nest stößt und uns lehrt zu fliegen und uns selbst zu ernähren, ist auch, zu anderen Zeiten, die Henne, die nach uns gluckt, damit wir uns in der Sicherheit ihrer liebenden Flügel entspannen.

Von einem anderen Blickwinkel her werden die wunderbaren Bilder vom Adler mit Licht, mit der Sonne, mit Höhe, Beweglichkeit und mit Äußerlichkeit assoziiert, während das bescheidenere Bild von der Henne mit dem Schatten und der Dunkelheit des Hühnerstalls und mit der Tiefe, Stille und Innerlichkeit unter den Mutterflügeln in Verbindung gebracht wird. Nochmals, wir brauchen beides. Insbesondere Frauen fürchten sich davor, sich Ärger, Selbsthaß, Ängsten, Masochismus und Feindseligkeiten zu stellen – also all den Dingen, die wir christlichen Frauen nie fühlen sollen. Viele Männer müssen wieder in Berührung kommen mit der Schwachheit und Verletzlichkeit, die mit ihren unterstützenden Fähigkeiten und Stärken einhergehen – all den Dingen, die sie nicht fühlen sollen. In der geschützten Umgebung von Gottes bedingungsloser Liebe können wir mit unserem Schatten-Selbst einig werden.

Als Jesus das Bild von der Henne und ihren Küken benutzte, sprach er aus der Sicht eines außerhalb der menschlichen Geschichte stehenden Wesens (d. h. er sprach als Weisheit Gottes). Er äußerte bedingungslose Liebe gegenüber denen, die dabei waren, ihn und den Ewigen, der ihn gesandt hat, zurückzuweisen.[1] Diese Liebe, wenn sie verwirklicht und verinnerlicht wird, gibt uns einen sicheren Nährboden, auf dem wir anfangen können, uns unseren „negativen“ und „unakzeptierbaren“ Zügen gegenüberzustellen und sie schöpferisch in unsere Persönlichkeit miteinzubeziehen.

Wenn Jesus sich selbst mit einer Henne verglich, wußte er zweifellos, daß er sich eines bekannten Bildes aus den hebräischen Schriften bediente. Der Autor von 2 Esra, einem apokryphen Buch aus dem 1. Jahrhundert nach Christus, hat sicherlich begriffen, daß Jesus mit dem Bild von der Henne das hebräische Verständnis von Gott als Vater und Mutter und als innerlich authentisches Selbst teilte. 2 Esra 1,27–30 heißt es: „Ihr habt nicht mich verlassen, sondern euer eigenes Selbst, sagte der Herr. So sprach der Allmächtige, habe ich euch nicht angefleht wie ein Vater seine Söhne, eine Mutter ihre Töchter und eine Amme ihre Säuglinge, daß ihr mein Volk sein werdet und ich euer Gott sein werde, daß ihr meine Kinder sein werdet und ich euer Vater sein werde? Ich sammelte euch um mich wie eine Henne ihre Küken." Der Wechsel von männlichen und weiblichen Gottesbildern, hier im Zusammenhang mit psychischer Gesundheit, legt nahe, daß der Autor unmittelbar die Beziehung erkannte, die zwischen psychischer Unterstützung und der Fähigkeit besteht, sich mit dem Bild eines Gottes des eigenen Geschlechts zu identifizieren. (Man beachte, daß der Vater zu den Söhnen und die Mutter zu den Töchtern spricht.)

Jesus hatte viele kanonische Vorgänger für sein Hennenbild. In dem alten biblischen Buch Rut z. B. segnet Boas Rut für ihre Sorge um Noomi mit den Worten: „Der Herr, der Gott Israels, zu dem du gekommen bist, *um dich unter seinen Flügeln zu bergen,* möge dir dein Tun vergelten und dich reich belohnen" (Rut 2,12; Hervorhebung durch die Autorin). Später nimmt Rut diese Segnung auf und bittet ihn: „Breite doch den Saum deines Gewandes (*kanap,* das gleiche Wort, das in 2,12 verwendet wird) über deine Magd; denn du bist Löser."[2] Manchmal wird der Schutz von Gottes Flügeln in menschlicher Verkörperung gewährt! Rut fordert Boas auf, die Verantwortung dafür zu übernehmen, daß sich seine guten Wünsche für sie auch erfüllen.

Während das Bild vom Adler vom *Aufgerütteltwerden von* oder *Getragenwerden auf* den Flügeln Gottes spricht, spricht das Hennenbild von der Wärme und dem Schutz *unter* Gottes Flügeln. In den Psalmen ist häufig die Rede von diesem Aspekt göttlicher Mutterschaft. „Behüte mich wie den Augapfel, den Stern des Auges, birg mich im Schatten deiner Flügel vor den Frevlern" (Ps 17,8–9). Psalm 57 fängt mit folgender Bitte an: „Sei mir gnädig, o Gott, sei mir gnädig; denn ich flüchte mich zu dir. Im Schatten deiner Flügel finde ich Zuflucht, bis das

Unheil vorübergeht." Psalm 61,5 bittet um immerwährenden Schutz: „In deinem Zelt möchte ich Gast sein auf ewig, mich bergen im Schutz deiner Flügel." Und Psalm 91,4 verheißt denen, die fähig sind, auf Gottes Liebe zu trauen, daß sie mit Gottes Federn bedeckt und Zuflucht unter seinen Schwingen finden werden. Als Jesus also von seinem Verlangen sprach, wie eine schützende Henne gegenüber dem Volk von Jerusalem zu sein, setzte er seine Sendung mit dem göttlichen Erbarmen ineins, das die biblischen Schriften häufig durchdringt. Wie wir früher sahen, kann das hebräische Wort für Gottes Erbarmen mit *Mutterliebe* übersetzt werden.

Anselm, 1093–1109 Erzbischof von Canterbury, erfaßte klar die Implikationen des Hennenbildes Jesu, denn er schrieb: „Aber du, Jesus, guter Herr, bist du nicht auch eine Mutter? Bist du nicht die Mutter, die wie eine Henne ihre Küken unter den Flügeln sammelt? Wahrlich, Herr, du bist eine Mutter. Denn was andere empfangen und geboren haben, das haben sie von dir erhalten ... Du bist der Urheber, die anderen sind die Diener. Du also bist, vor allem, die Mutter." Außerdem drängt er seine Seele, „unter die Flügel (ihrer) Mutter Jesus zu laufen und (ihre) Leiden zu beweinen ..."[3] Es ist interessant, daß Anselm hier ein doppeltes Mutterbild verwendet: Christi *Diener* sind Mütter, sie sind fähig zu Empfängnis und Geburt, weil ihr *Herr* auch eine Mutter ist, – die Mutter „vor allem". Die ganze Vorstellung der Frauenordination sieht aus Anselms Perspektive anders aus. Wenn Christi Diener Mütter sind wegen der Mutterschaft Jesu, welches Problem besteht dann überhaupt bei der Ordination von Frauen ins Priester- oder Pfarramt?

Unter den Christen, die das Bild der bedeckenden Flügel in einen weiblichen Zusammenhang gebracht haben, sind auch William von St. Thierry und Adam, Abt von Perseigne. Adam gebraucht das Bild, um einen Bischof zu tadeln, der nicht sanft genug zu seinen Schützlingen war: „Wie wollt Ihr Euch selbst Vater oder Mutter von Kleinen nennen, Ihr, die Ihr nicht sorgfältig wacht über Eure Küken, mit zärtlicher Zuneigung wie eine Henne ...?" Für Adam muß ein guter Vater auch immer eine gute Mutter sein.[4] Um es zu wiederholen, aus unserer Sicht bedeuten Adams Worte auch, daß zu einer gesunden Partnerschaft Männer wie Frauen gehören. Schließlich neigen die meisten Männer dazu, ihre eigene weibliche Komponente zu unterschätzen, wenn die Gesellschaft das Personsein der wirklichen Frauen als nebensächlich betrachtet.

Aber die vorrangige Bedeutung des Bildes von Gott als Henne bleibt wahrscheinlich persönlich und nach innen gewandt. Gottes Liebe zu uns ist so beschützend und bedingungslos, daß wir uns vor der Gegenüberstellung mit uns selbst und anderen nicht fürchten müssen. Wenn wir den Worten Boas' an Rut und den Flügelbildern der Psalmen Glauben schenken, war die Person, die Jesus Vater nannte, zugleich, wie er selbst, eine verläßliche, beschützende Henne.

17

Gott als Weisheit

Die Weisheit ist diejenige biblische Darstellung von Gott als Frau, die fast von allen gelehrten Kommentatoren anerkannt wurde, obwohl man die Bedeutung ihrer Weiblichkeit nicht diskutiert hat. So spricht z. B. James L. Crenshaw von der Vanderbilt Universität davon, daß in der Bibel „eine Tradition von der Weisheit“ zu Wort komme, die „Ausdruck der göttlichen Persönlichkeit“[1] wird. Hans G. Conzelmann von der Universität Göttingen unterstreicht, daß „der Gott des christlichen Glaubens ... kein anderer (ist) als der Gott der Weisheit Israels, nämlich der eine Gott, der Schöpfer ... Die Weisheit dient uns daher als ein Element der Kontinuität vom Alten Testament und Judaismus zur frühesten Christenheit.“[2] Daß die außerordentlich bedeutsame Gestalt der Weisheit aber weiblich ist, erregt bei keinem dieser Gelehrten besonderes Interesse.

Trotzdem ist die Weisheit dasjenige weibliche Gottesbild, das am häufigsten von den biblischen Autoren benutzt wird. Es erscheint häufig in dem kanonischen Buch der Sprichwörter, aber auch in den deuterokanonischen Schriften Weisheit Salomos, Baruch und Kohelet. (Römisch-katholische und östliche orthodoxe Christen betrachten letztere als Teil der Bibel, während Juden und Protestanten sie außerhalb des Kanons zu den apokryphen Schriften zählen.) Die Weisheit wird auch ausführlich im 28. Kapitel des Buches Ijob behandelt, dort wird sie jedoch nicht personifiziert, sondern wird schlicht mit der „Furcht vor dem Herrn“ gleichgesetzt.

In Sprichwörter 1,20–33 wird geschildert, wie die Weisheit (*Hokmah*) auf der Straße laut ruft, ihre Stimme auf den Plätzen erhebt und ihren rettenden Rat allen anbietet, die ihr zuhören. Das Verhalten der Weisheit läuft völlig quer zur Sozialisation einer Dame, der beigebracht wurde, selten gesehen und noch seltener auf öffentlichen Plätzen gehört zu werden. Sie ist selbstbewußt, beharrlich und laut: nach moderner Auffassung keine Dame, sondern eine Frau.

Der Zorn der Weisheit darüber, daß sie zurückgewiesen und übergangen wurde (Spr 1,24–27), erinnert an die Zurückweisung von Gottes Diener in Jesaja 53,3 und anderswo. Diese Gleichsetzung der Weisheit mit Gottes eigenem Handeln in der Welt wird bestärkt im Buch Jesus Sirach, einer griechischen Übersetzung eines älteren hebräischen Buches, ungefähr um 190 n. Chr. abgefaßt. In Kapitel 24,3 heißt es, daß die Weisheit aus Gottes Mund komme, um die Erde wie ein Nebel zu umhüllen, was sich auf den Vorfall in Genesis 2,6 bezieht, als der Nebel von der Erde aufstieg und sie bewässerte, bevor es den Regen gab. Die Weisheit Salomos, ein außerordentlich schönes Buch, das während des 1. Jahrhunderts v. Chr. auf griechisch geschrieben worden ist, schildert ausdrücklich die Beziehung zwischen der Weisheit, dem Nebel und Gottes schöpferischem Geist: „Sie ist ein Hauch der Kraft Gottes und reiner Ausfluß der Herrlichkeit des Allherschers“ (7,25). Gerade so wie der Nebel aufstieg zur Bewässerung der Erde vor der Ankunft des Regens, erhebt sich die Weisheit wie ein Nebel (Hauch) aus Gottes machtvollem Sein, um in die heiligen Seelen einzutreten, um sie zu Freunden Gottes und zu Propheten zu machen und ihnen Unsterblichkeit zu verleihen (Weish 8,13 + 17).

In Jesus Sirach 24,4 wird gesagt, daß die Weisheit auf einer Wolkensäule lebt, während in Exodus 13,21 und 16,10 deutlich gemacht wird, daß die Gegenwart Gottes in dieser Wolke zu sehen sei. (Wie wir schon früher gesehen haben, ist Gottes Schechina-Herrlichkeit in der Wolke wie die Weisheit eine weibliche Darstellung Gottes.) Des weiteren bezieht sich Weisheit Salomos 1,5 auf die Weisheit als „heiligen Geist, Lehrmeister“, „der Falschheit flieht“. Im unmittelbar folgenden Abschnitt werden Weisheit, Gott und Jahwes Geist synonym verwendet:

> Die Weisheit ist ein menschenfreundlicher Geist, doch läßt sie die Reden des Lästerers nicht straflos; denn Gott ist Zeuge seiner heimlichen Gedanken, untrüglich durchschaut er sein Herz und hört seine Worte. Der Geist des Herrn erfüllt den Erdkreis, und er, der alles zusammenhält, kennt jeden Laut. (Weish 1,6–7)

Offenkundig wird die Weisheit gleichgesetzt mit Gott, mit dem Geist Jahwes und mit dem, „was alle Dinge zusammenhält". (In Kolosser 1,17 wird *Christus* als der bezeichnet, „in dem alles Bestand hat".) Darüber hinaus wird das Zusammenleben mit der Weisheit als notwendige Voraussetzung dafür bezeichnet, Gott zu gefallen (Weish 7,28) – was einschließt, daß es keine Hoffnung auf Gottes Segen geben wird, solange wir nicht alle die Eigenschaften, die die westliche Gesellschaft den Frauen zugeschrieben hat, verkörpern. In Weisheit 8,7–8 wird die Implikation noch deutlicher ausgedrückt: Mäßigkeit, Klugheit, Gerechtigkeit und Tapferkeit sind die Früchte der Mühen der Weisheit und „nichts im Leben der Menschen ist nützlicher als diese". Die Beziehung zu den Früchten des Geistes im Neuen Testament, gegen die es kein Gesetz gibt, ist offenkundig.

In Weisheit 9,17–18 wird tatsächlich die Weisheit speziell mit Gottes „heiligem Geist aus der Höhe" gleichgesetzt, der zur Rettung der Menschheit herabgesandt wurde. Die Sprichwörter geben zu diesem allen die kanonische Unterstützung, denn sie schildern die Weisheit als das erste, was jeder erwerben sollte, als die Spenderin des Lebens (4,22 und 7,2) und als die Geliebte von Klugheit, Erkenntnis und gutem Rat, von Einsicht und Gerechtigkeit (8,12–15).

Die Weisheit wird nicht allein synonym mit Gott gebraucht, mit dem alttestamentlichen Geist von Jahwe und mit dem neutestamentlichen Heiligen Geist, sie wird auch mit Worten geschildert, die sie mit Jesus Christus, dem Logos und dem Wort Gottes in Verbindung bringen. Weisheit wird häufig mit Gottes Schöpfungsakt in Zusammenhang gebracht (Spr 3,19 + 8,27; Ps 104,24; 136,5; Weish 7,22; 9,9). In der Weisheit Salomos wird die Weisheit sogar die Gestalterin aller Dinge genannt, wohingegen in Kolosser 1,16 gesagt wird, daß *Christus* der Schöpfer aller Dinge ist. In Weisheit 7,26 wird die Weisheit als das Bild der Güte Gottes bezeichnet, in Kolosser 1,15 wird *Christus* „das Bild des unsichtbaren Gottes" genannt.

Während in Sprichwörter 8,22 die *Weisheit* als das erste Geschöpf bezeichnet wird, wird in Kolosser 1,15 festgestellt, daß *Christus* der Erstgeborene der Schöpfung sei. Und während in Sprichwörter 8,27–30 gesagt wird, daß die Weisheit ein „Handwerksmeister" war, als Gott die Welt schuf, und in Baruch 3,32 die Anwesenheit der Weisheit bei Gott am Anfang der Schöpfung geschildert wird, sagt Johannes 1,1, daß am Anfang das Wort bei Gott war. Conzelmann meint: „... als eine Hypostase ist der Logos ähnlich der Sophia (Weisheit) ... Die historische Person Jesus wird als der kosmische Logos verkündet ... Das ist die christologische Transformation der Weisheit".[3]

Augustinus setzt unmittelbar Jesus mit der Weisheit gleich und gebraucht dabei ein bereits diskutiertes Bild von Gott als Henne:

> Laßt uns unser Ei unter die Flügel der Henne des Evangeliums legen, die dieser falschen und verlassenen Stadt zuruft: ‚O Jerusalem, o Jerusalem, wie oft wollte ich deine Kinder um mich sammeln, so wie eine Henne ihre Küken unter ihre Flügel nimmt; aber ihr habt nicht gewollt!' Laßt nicht zu, daß uns gesagt werde: ‚Wie oft wollte ich, aber ihr habt es nicht gewollt!' Denn diese Henne ist die göttliche Weisheit.[4]

An anderer Stelle bezeichnet Augustinus die Weisheit als „unsere Mutter",[5] und es ist interessant zu sehen, daß er von einer männlichen Menschheit ausgeht, wenn er schildert, wie wir „unser Ei" unter die Flügel dieser weiblichen Gottheit legen, der „Henne des Evangeliums", der göttlichen Weisheit.

Folgt man den Sprichwörtern, ist die Weisheit der Weg, das Wissen und das, was Leben bringt (4,11 + 22 + 26), gerade wie für Johannes Christus der Weg, die Wahrheit und das Leben ist (14,6). Wie Christus lebt die Weisheit an Gottes Seite, ist Gottes „Liebling" und erfreut sich an der Menschheit (Spr 8,30–31; Weish 8,3,9; Weish 9,4,10).[6] Wie Christus ist die Weisheit das Wort Gottes (Jesus Sirach 24,3; Weish 9,1–2). Wie Christus macht die Weisheit alle Dinge neu (Weish 7,27). Wie Christus ist die Weisheit „der Widerschein des ewigen Lichts, der ungetrübte Spiegel von Gottes Kraft, das Bild seiner Vollkommenheit" (7,26; cf. Hebr 1,3).

Kein Wunder, daß Jesus die Weisheit Gottes genannt wird (Lk 11,49 und 1 Kor 1,24)! Obwohl der Hinweis ganz offensichtlich Jesus als Menschen meint, bewahrt die Weisheit ihr weibliches Geschlecht: „Der Menschensohn ist gekommen, er ißt und trinkt; darauf sagen sie: Dieser Fresser und Säufer, dieser Freund der Zöllner und Sünder! Und doch hat die Weisheit durch die Taten, die sie bewirkt hat, recht bekommen." (Mt 11,19) Wie Conzelmann feststellt, wird Jesus hier „endgültig ... mit der hypostasierten Weisheit identifiziert".[7] All das könnte zeigen, daß wir einige sehr wichtige Symbole, die der irdische Jesus verkörperte, nicht zur Kenntnis genommen haben, solange wir von Christus in ausschließlich männlichen Begriffen denken. – Dazu gehören nicht nur Göttlichkeit und Menschlichkeit, Zeit und Ewigkeit, sondern auch Männlichkeit und Weiblichkeit.

Ann Belford Ulanov hat geschrieben, daß „die geringe Zahl weiblicher Symbole für die Gottheit des Protestantismus und Judaismus zur Entfremdung protestantischer und jüdischer Frauen von ihrem eigenen tieferen Wesen beigetragen hat".[8] Ich möchte hinzufügen: obwohl die Bedingungen für katholische Frauen durch die Verehrung der Jungfrau Maria erleichtert werden, kann sie dennoch kein gesundes Rollenmodell für gewöhnliche Frauen abgeben, denn niemand von uns kann Jungfrau und Mutter zugleich sein (außer vielleicht indem man ehelos lebt und spirituell Leben schenkt). In der Vergangenheit wurde Marias Charakter als „weiblich" (sogar masochistisch), passiv und in einseitiger Unterwerfung unter einen ausschließlich männlichen Gott befangen mißdeutet. Daher brauchen katholische ebenso wie protestantische und jüdische Frauen eine neue Sicht auf den dynamischen, bejahenden Charakter von Maria, der Mutter Jesu, die der Weisheit in ihrer liebenden Macht so sehr gleicht. Désirée Hirst verbindet tatsächlich Maria mit der Weisheit in ihrem scharfsinnigen Kommentar: „In der Gestalt Marias liegt etwas, das über ihr eigenes vollkommenes Wesen und ihre Rolle hinausweist. Wie die Gestalt der Weisheit in den deuterokanonischen Schriften der Bibel spiegelt sie das göttliche Wesen an sich wider, besonders seinen verborgensten und tiefsten Aspekt ... nämlich der Mutterschaft, die eine Ergänzung der Vaterschaft Gottes ist ...".[9] So ist es auch mit allen anderen biblischen Bildern von Gott als Frau.

Toni Wolff schrieb: „Die Vorstellung von Gott stellt das höchste Symbol der besten menschlichen Eigenschaften und der tiefsten Ideen des menschlichen Geistes dar. Wie kann sich eine Frau selbst finden, wenn ihre eigenen psychischen Grundlagen und deren Verzweigtheiten nicht in einem Symbol objektiviert werden. Das Symbol zeitigt im Menschen seine Wirkungen durch die schrittweise Entfaltung seiner Bedeutung."[10] Die Weisheit ist ein besonders wichtiges Symbol für heutige Frauen, denn sie führt uns über die Vorstellung hinaus, daß Weiblichkeit ihre Erfüllung vorrangig in der Mutterschaft findet. Die Weisheit betätigt sich im öffentlichen Bereich, sie ist keine schüchterne Mimose, kein Schiff, das darauf wartet, seine Bedeutung von jemand anderem zu erhalten.

Das Wirken der Weisheit kommt uns in den Sinn, wenn wir uns an folgendes erinnern: Als eine Frau in bester Absicht die Mutter Jesu ob ihrer natürlichen Funktionen pries – „Selig die Frau, deren Leib dich getragen und deren Brüste dich genährt haben!" –, antwortete Jesus: „Selig sind vielmehr die, die das Wort Gottes hören und es befolgen." (Lk 11,27–28) Jesus hat gewiß weder Mutterschaft noch seine eigene Mutter abschätzig behandeln wollen; er hob aber hervor, daß nicht das *Werkzeug*, mit dem Maria den Willen Gottes ausführte, sondern vielmehr der Inhalt ihrer Gedanken und Handlungen Aufmerksamkeit verdient. Für *einige* Frauen, die Gottes Wort hören und tun, kann das auch leibliche Mutterschaft bedeuten; und für uns *alle* (Mann und Frau) gibt es eine spirituelle Mutterschaft, in der wir unser eigenes Leben hervorbringen und die Gestalt Christi in uns selbst empfangen. Aber die in den Straßen rufende Weisheit erinnert uns daran, daß Mutterschaft nicht letzter Zweck und einziges Ziel unserer Existenz in dieser Welt ist. Jahwe liebt Gerechtigkeit (Jes 61,8) und durch die Weisheit „bringen die Großen Gerechtigkeit in die Welt" (Spr 8,16).

Die Weisheit verkündet den Grundsatz der Gegenseitigkeit: „Ich liebe alle, die mich lieben ... Ich gehe auf dem Weg der Gerechtigkeit, mitten auf den Pfaden des Rechtes, um denen, die mich lieben, Gaben zu verleihen und ihre Scheunen zu füllen." (Spr 8,17 und 20–21) Dieser Grundsatz der Gegenseitigkeit ist besonders wichtig für die Bekämpfung des falschen weiblichen Erziehungsideals, das als gute Frau die definiert, die ständig in übermenschlicher Weise sich selbst zur Unterstützung anderer aufopfert. Frauen müssen lernen, zuerst sich selbst zu unterstützen, nicht aus egoistischen Gründen, sondern gerade für das Wohl anderer, die nur schwächer werden, wenn sie von ständiger Unterstützung überwältigt werden. Das Beharren der Weisheit auf den Gegengaben der Liebe, auf einem Austausch der Kraft, ist wichtig für diejenigen von uns, die lernen müssen, nicht zu viel von sich selbst zu geben.[11]

In unserer Gesellschaft meint man, daß einige Verlierer sein müssen, damit andere Gewinner sein können – Frauen, Schwarze, Indianer, Hispanier und andere Minoritäten sind daran gewöhnt worden, Verlierer zu sein und immer zu vergeben. Aber die Bibel lehrt eine Gegenseitigkeit, in der jeder gewinnt, weil die Starken in der Stärkung anderer sich selbst segnen. Die Mächtigen der Gesellschaft lehrte Christus, daß Geben Empfangen ist, daß Vergeben bedeutet, Vergebung zu empfangen, daß Befreien heißt, frei zu sein (Lk 6,37–38). Der psychologische Grundsatz ist nicht einer des masochistischen Opfers, sondern des spirituellen Gewinns durch spirituelles Geben; Weisheit macht alle reich, die sie lieben.

Als ein Leib in Christus gewinnt oder verliert jeder in der Neuen Menschheit mit anderen zusammen. In der Neuen Schöpfung können wir es uns als schuldlose Glieder eines Leibes erlauben, miteinander eher in Liebe als in Furcht umzugehen und dabei immer ein Gleichgewicht zu halten, ohne uns zu übernehmen. Anstatt Schuldgefühle erst zu unterdrücken und dann auf andere Personen und Gruppen zu übertragen, ermutigt uns das Beispiel der Weisheit, unser eigenes Selbstwertgefühl zu stärken, indem wir andere als heilig bejahen und anerkennen.

Es ist selbstzerstörerisch, die zu schädigen, die ein Leib mit uns sind. So kann es auch nicht sinnvoll für reife Mitglieder des Neuen Zeitalters, der Neuen Menschheit (Röm 13,8–10) sein, sich einander über- oder unterzuordnen. Manche allzu konservative Christen haben versucht, das Engagement für soziale Gerechtigkeit als bloße Weltbefangenheit zu verurteilen, doch wir haben gesehen, daß in der Bibel Gerechtigkeit mit Weisheit und Weisheit mit Christus gleichgesetzt wird. Deshalb gibt es in unserem Denken keinen Widerspruch zwischen individueller, privater Rechtschaffenheit einerseits und dem Bestreben, Gerechtigkeit auf der Ebene der Gesellschaftsstruktur herzustellen, andererseits.

In den hebräischen Schriften bewirkt die Weisheit persönliche und soziale Erneuerung; in den christlichen Schriften ist es Christus, der alle Dinge neu macht. Die Verbindung Weisheit/Christus stellt eine gelungene Mischung männlicher und weiblicher Bilder dar, die jeden einzelnen zu bestärken und so den einen Gott zu symbolisieren vermag, der weder Mann noch Frau und doch Mann und Frau zugleich ist. In solch einem Gott haben wir das „höchste Symbol mit den besten menschlichen Eigenschaften". Lassen wir das Symbol sich in uns entfalten, können wir mit weniger Furcht und deshalb mehr Liebe leben. Als zweimal geborene Mitglieder der Neuen Menschheit sind wir „in Christus Jesus, den Gott für uns zur Weisheit gemacht hat" (1 Kor 1,30).

18

Die göttliche Umwelt

Obwohl biblische Bilder eines weiblichen Gottes (Gott als „sie") das Thema dieses Buches sind, wurden Frauen jahrhundertelang so eng mit der Erde, dem Wasser und verschiedenen anderen Naturphänomenen in Verbindung gebracht, daß es sinnvoll scheint, diese Bilder, wenn auch nur kurz, anzufügen.

Mary Daly definiert das „ewig männliche Stereotyp" – eine präzisere Formulierung als „männliches Prinzip" – so: „Hyper-Rationalität (in Wirklichkeit häufig auf Pseudo-Rationalität reduzierbar), Objektivität, Aggressivität, eine beherrschende Haltung gegenüber Personen und der Umwelt und die Neigung, Grenzen zwischen dem Selbst (und was mit ihm identifiziert wird) und dem Anderen zu ziehen".[1] Frauen sind über Jahrhunderte dabei als das „andere" definiert worden, ebenso die nicht weißen Rassen und die natürliche Umwelt. Es ist kein Zufall, daß das überzeugendste Buch über den nuklearen Krieg den Titel *Das Schicksal der Erde* trägt. Jonathan Schell versucht uns darin aufzurütteln, damit wir merken, daß unsere Technologie uns an den Punkt gebracht hat, wo wir die Mutter Erde und alle ihre Kinder in einem verherrenden Holocaust zerstören könnten. Für ein Waffensystem, das so allumfassend ist wie die nuklearen Sprengköpfe, *gibt* es kein „Anderes" mehr.

Die Sprache der Liturgie, des Gebets, der Predigt und der Lieder müßte eigentlich zur Aufhebung der Grenzen zwischen dem Selbst und dem „Anderen" führen. Das wäre eine der Wirkungen des Gebrauchs der biblischen Bilder von einem weiblichen Gott oder von Gott als einer Naturerscheinung oder einem anderen „Ding".

In Genesis 1,28 wird ein göttlicher Auftrag an Mann und Frau überliefert: „Seid fruchtbar und vermehrt euch, bevölkert die Erde, unterwerft sie euch und herrscht ..." Weil diese Worte in der Perspektive „männlicher Stereotype" gelesen wurden, ist die natürliche Umwelt auf eine Weise beherrscht und unterdrückt, manipuliert und mißbraucht worden, die dem patriarchalischen Gebrauch und Mißbrauch von Frauen ähnelt. Wenn wir die biblischen Bilder von Gott als einem Teil der Natur hervorheben, fällt es uns vielleicht leichter, im Sinn zu behalten, daß „alles, was lebt, heilig ist".[2] Insofern die Vorstellungen, die wir uns von Gott machen, Heiligkeit verleihen, sind auch (im organischen Sinn) *nicht lebende* Dinge heilig. So heißt es z. B. in Exodus 3,14, daß Gott in dem Verb „sein" besteht: Gott teilt Moses seinen Namen „Ich bin, der ich bin" mit und beauftragt ihn, den Kindern Israels zu sagen, „Ich bin hat mich zu euch gesandt". Auch Jesus wurde mit dem Verb „sein" identifiziert: „Jesus erwiderte ihnen: Amen, amen, ich sage euch: Noch ehe Abraham wurde, bin ich." Das richtige Pronomen für ein Verb ist natürlich *es.*

Ohne ihre Verblendung durch die sündigen Vorstellungen von Über- und Unterordnung hätte die Menschheit einsehen können, daß uns in Genesis 1,28 die natürliche Umwelt als Gemeingut, das respektiert und gepflegt werden muß, übertragen worden ist. Es ist Wahnsinn, das zu zerstören, was uns erhält. Wie jeder Athlet oder Gärtner bezeugen kann, ist der einzige Weg, die Natur „untertan zu machen", ihr zu gehorchen. Wenn wir die Gesetze mißachten, nach denen Pflanzen wachsen, werden wir keine Pflanzen haben. Wenn wir schneller als andere rennen wollen, müssen wir den Rhythmus unseres eigenen Körpers in Beziehung zur Bahn unter unseren Füßen und zur Luft, in der wir uns bewegen, erfahren. Die Menschheit ist heilig, aber ebenso ist es die Umwelt. Deshalb ist von Respekt getragene Gegenseitigkeit die angemessene Beziehung zwischen Mensch und Natur und zwischen Menschen und Dingen. Die Verbreitung natürlicher Bilder von Gott kann uns wieder zur Harmonie mit der von uns bewohnten Welt verhelfen.

Nennen wir einige wesentliche Bilder von Gott als Objekt oder Naturphänomen in den hebräischen und christlichen Schriften. Gott wird wiederholt in Begriffen des *Wassers* (traditionell ein weibliches Element) beschrieben: man beachte z.B. Psalm 1,3; 46,4; Jesaja 27,3+6; 41,17–18; 44,3+4; 55,1; 58,11; Ezechiel 16,9; 36,25; Johannes 3,5; 7,37–39; Epheser 5,26 und Hebräer 10,22. Bezugnahmen auf Gott als *Felsen* befinden sich in Deuteronomium 32,4+15; Psalm 15; 18,2; 31,3; 71,3; 1 Korinther 10,4 und anderswo. In Epheser 3,17 und Kolosser 2,7 ist Gott als Liebe oder Christus der *Boden,* in dem die Glaubenden verwurzelt sind; Gott wird als *Feuer* dargestellt in Abschnitten wie Exodus 13,21; Psalm 78,14; Jesaja 4,4; Sacharja 4; Maleachi 3,2–3; Apostelgeschichte 2,3 und Hebräer 12,29. Und Gott wird als *Wind* beschrieben in 1 Könige 9,11 (vgl. Apg 2,2); Ezechiel 37,9–14; Johannes 3,8 und 1 Korinther 12,11. Jahrhundertelang glaubten Menschen, daß die vier Grundelemente des Universums Erde, Luft, Feuer und Wasser waren. So schlossen die biblischen Bilder von Gott als Fels und Boden (Erde), Wind (Luft), Feuer und Wasser das ganze Universum ein und bestätigten die Heiligkeit aller Dinge.

Zusätzlich zur Beschreibung Gottes in den eher allgemeinen Kategorien des Wassers benutzten die biblischen Autoren Regen und Tau als Sinnbild Gottes in Psalm 68,9; 72,6; 133,3; Jesaja 18,4; Ezechiel 34,26–27 und Hosea 6,3; 10,12; 14,5. Gott wird auch mit Öl assoziiert in Psalm 45,7. Gott als *heilendes* Öl ist in Offenbarung 3,18 impliziert; als *Weiheöl* in Exodus 29,7; 30,30 und Jesaja 61,1; als *Balsam* in Jesaja 61,3 und Hebräer 1,9; als *lichtspendendes* Öl in Matthäus 25,3–4 und 1 Johannesbrief 2,20+27.

Wir haben schon die biblischen Bilder von Gott als Henne, Pelikan und Adler besprochen, da sie speziell weibliche Bilder sind. Gottes Geist wird auch als Taube in Matthäus 3,16 beschrieben. Weil es sich bei der Taube um ein androgynes Bild handelt, das die höchste weibliche Gottheit versinnbildlicht und zugleich als phallisch gilt, ist es ein Bild von Gott, das alle männlichen und weiblichen Bilder in Bezug auf Gott zusammenfaßt und vereinigt.

Wenn wir die Bilder von Gott als Pelikan, Henne, Adler, Taube, Bär und Lamm (Joh 1,29) und das traditionelle Bild von Christus als Fisch zusammenstellen, ergibt sich daraus eine deutliche Warnung vor dem Mißbrauch von Tieren. Obwohl sie uns als Nahrung gegeben wurden, dürfen sie nicht gedankenlos gebraucht werden. Alles, was lebt, ist heilig.

Es ist aufschlußreich, die Dinge zu betrachten, die Jesus zur Beschreibung des Reiches Gottes heranzog: gewöhnliche Samen, ein von Unkraut verdorbenes Weizenfeld, einen winzigen Senfsamen, einen Trog Mehl, einen im Acker verborgenen Schatz, eine kostbare Perle, ein großes Fischnetz und neues und gebrauchtes Inventar eines Hauses. Dies alles sind gewöhnlich unbedeutende Dinge, meistens mit Erde oder Wasser und deshalb mit dem Weiblichen verbunden. Dennoch wurden sie von Jesus mit dem Kommen des Reiches Gottes in Zusammenhang gebracht!

Die biblischen Bilder, die Gott als Naturphänomen beschreiben, werden uns, wenn wir sie verwenden, helfen, unsere Umgebung als göttlich anzuerkennen. Wenn wir dazu noch weiterer Bestärkung bedürfen, kann vielleicht Epheser 1,10 helfen. In diesem Abschnitt heißt es, daß es Gottes Plan sei, „alles in Christus zu vereinen, alles, was im Himmel und auf Erden ist". Wie der heilige Franziskus schon vor langer Zeit wußte, macht die Neue Schöpfung Schwestern und Brüder aus allen Vögeln, Tieren, Fischen, der Sonne, dem Mond, den Sternen und der ganzen Menschheit.

19

Einige Vorschläge und Schlußfolgerungen

Alles in allem enthält die Bibel bedeutend mehr männliche Sprache und männliche Bilder von Gott als weibliche. Wer der männlichen Vorherrschaft den Vorzug gibt, ist ob dieses Umstandes natürlich erfreut. Menschen mit einem ausgeprägten Sinn für menschliche Gerechtigkeit werden von demselben Umstand häufig abgeschreckt. Mit anderen Worten, dieselbe Sache ruft unterschiedliche Empfindungen hervor.

Mir selbst erscheint es völlig selbstverständlich, daß in der Bibel die männliche Sprache in Bezug auf Gott überwiegt, denn sie entspringt einer zutiefst patriarchalischen Kultur. Obwohl ich eine hohe Meinung von der biblischen Inspiration habe, ist mir dennoch klar, daß die Bibel wie die Natur Jesu zweidimensional ist: ganz göttlich und ganz menschlich. Die biblischen Autoren gehören einer Kultur an, in der alles – sogar eine Milchkuh – besondere Bedeutung durch ein männliches Suffix erlangte. Schließlich lag alle Ehre und Macht in den Händen der Männer. Es konnte ihnen nichts selbstverständlicher erscheinen, als Gott mit ausschließlich männlichen Worten zu ehren.

Nichts wäre ihnen *un*natürlicher erschienen, als weibliche Aspekte in ihre Beschreibung des Göttlichen einzuführen. Wie wir gesehen haben, haben sie jedoch gerade das getan! Natürlich nicht sehr oft. Aber es ist fast schon ein Wunder, daß sie überhaupt irgendwelche weiblichen Bilder von Gott benutzt haben.

Es ist wie mit der alten Geschichte vom Pessimisten und Optimisten. Ein Pessimist beschreibt ein halbgefülltes Glas Wasser als leer, ein Optimist als halb voll. Angesichts der relativ wenigen biblischen Bilder von Gott als Frau vertreten viele eine – wie ich sagen würde – „Theorie des Halb-leer" und meinen, daß an der geringen Zahl der armselige Zustand der jüdisch-christlichen Kultur sichtbar wird. Die jüdisch-christliche Religion mit ihrem heiligen Buch sei ohne Bedeutung für Frauen und müsse aufgegeben werden, weil die Frauen darin ihre eigene Geschichte nicht vorfinden.

Die „Theorie des Halb-leer" kann auch in folgender Form auftreten: man betont, daß die wenigen biblischen Bilder eines weiblichen Gottes nur die Wiederkehr der unterdrückten Verehrung der Göttin in den alten Religionen darstellen, die von der jüdisch-christlichen Religion abgelöst worden sind.[1] Obwohl die Göttin offiziell verstoßen worden ist, hätten, so die Theorie, Juden und Christen ihren Einfluß im eigenen Denken nicht vollständig auslöschen können. Sogar Leonard Swidler benutzt diese Theorie: „Die Weisheit, Hokmah, ist zweifellos der hebräische Ausdruck für die alte Göttin, die in den Kanon der Bibel aufgenommen wurde, denn sie wurde weithin als die Quelle alles Wissens und aller Weisheit verehrt, ganz besonders in dem Symbol der Schlangengöttin ... Der allseits anerkannte Gelehrte Hans Conzelmann zog nach sorgfältiger Analyse ähnliche Schlußfolgerungen: ‚Die Vorgängerin der personifizierten Weisheit ist ... die synkretistische Göttin, die allgemein bekannt ist unter dem Namen Isis'."[2] Diese Theorie läßt die biblischen Bilder von Gott als Frau eher als häretischen Überrest erscheinen denn als eine wichtige Einsicht in das Wesen von Göttlichkeit und Menschlichkeit.

Ich persönlich ziehe die „Theorie des Halb-voll" vor, unter der ich folgendes verstehe: Gottes Geist umging und überwand mit Hilfe von Bildern die bewußten Ansichten der biblischen Autoren. Unverfälschte Bilder (Metaphern, Symbole) kommen aus dem Unbewußten und sind deshalb durch die Sozialisation weniger verdorben als die bewußten Vorstellungen, die uns unsere Kultur vermittelt hat. Aus diesem Grund werden Menschen, die Gott nie direkt als „sie" bezeichnen würden, weil sie in einer männlich geprägten Gesellschaft fürchten, Gott zu beleidigen, zur Benutzung von Bildern Gottes inspiriert, die ihn als Mutter, weiblichen Vogel, Hausfrau, Bäckerin usw. schildern. Insofern die biblischen Bilder eines weibliches Gottes den bewußten Vorstellungen von patriarchalisch sozialisierten Männern zuwiderlaufen, stellen sie ein sehr starkes Argument für die Inspiriertheit der hebräischen und christlichen Schriften dar. Normalerweise beschreiben die Mächtigen Gott nicht mit den Begriffen derer, die von ihnen unterdrückt werden. In der Bibel ist das jedoch geschehen. Der Umstand, daß es so selten geschah, sollte uns eigentlich kaum überraschen. Daß diese Begriffe überhaupt vorkommen, das sollte uns überraschen, erfreuen und herausfordern.

Wenn die biblischen Autoren trotz ihrer patriarchalischen Voraussetzungen weibliche Gottesbilder verwandten, wie steht es dann mit uns selbst? Uns steht die ganze kulturelle Tradition zur Verfügung, um aus ihr zu lernen. Wir können aus den Fehlern der Zisterzienser im 12. Jahrhundert lernen, die freizügig weibliche Gottesbilder benutzten, aber selten, wenn überhaupt, zuließen, dies in ihren Umgang mit Frauen zu übertragen. Wir können aus dem Fehler John Donnes lernen, der eine weibliche Gottessprache benutzte und dennoch die Unterlegenheit der Frau predigte. Nicht weil wir besser als jene sind, sondern weil wir von ihnen lernen können, müssen wir nicht weiter dieselben Fehler machen.

Vor ein paar Jahren führte T. S. Eliot in literarischen Kreisen den Begriff „Spaltung der Empfindung" ein. Die Bedeutung, die er dem Begriff gab, braucht uns hier nicht zu beschäftigen, denn unser Augenmerk richtet sich auf die wirklich *verheerende* Spaltung des Gefühls, die darin besteht, daß literarische Bilder als eine Sache und das Leben als eine andere angesehen werden. Wenn Gott sowohl mit einer Frau als auch mit einem Mann verglichen werden kann, dann sollte grundsätzlich kein menschliches Wesen aufgrund seines Geschlechts dem anderen untergeordnet werden. Ich will ein weiteres Beispiel zur Illustration des Problems geben. Der große Dichter des 17. Jahrhunderts John Milton schildert in *Paradise Lost* (Das verlorene Paradies) Gott den Vater und den Sohn mit traditionellen, ausschließlich männlichen Begriffen. Aber in Bezug auf seine eigene Muse, seinen eigenen beseelenden Geist und in Bezug auf Gott, *sofern er in seiner eigenen Erfahrung gegenwärtig war,* benutzte er sowohl männliche als auch weibliche Bilder.[3] Er beschrieb sich sogar selbst stereotyp weiblich, als ein passives Gefäß in Beziehung zur göttlichen Frau:

> ... Wenn ich die rechte Weise
> Von meiner himmlischen Beschützerin
> Dazu erlange, die mich unerfleht
> Nächtlich besucht und mir in meinem Schlummer
> Geruht zu dichten, oder mir den Vers
> Unvorbereitet, spielend einzugeben. (IX, 22–27)

Er räumt ein, daß er seinem Gegenstand nicht gerecht werden kann, wenn die Schlußfolgerungen nur seine eigenen sind und nur „aus mir allein und nicht aus jenem Munde, der es zur Nacht mir flüstert in mein Ohr“ (IX, 55–56).

Wenn jedoch eine lebenspraktische Haltung gegenüber den Frauen seiner Zeit ansteht, setzt Milton sich nicht für völlige geschlechtliche Gleichheit ein. Er war viel mehr als andere Männer seiner Zeit ein Feminist[4] (in einer wesentlich repressiveren Zeit als z. B. der von Chaucer im 14. Jahrhundert), aber er war nicht fähig, aus seiner intuitiven Einsicht in das göttliche Wesen gesellschaftliche Konsequenzen zu ziehen.

Wir müssen nicht unbedingt fortfahren, unter dieser Spaltung des Empfindens zu leiden. Doch wir können auch nicht geschlechtliche Gleichheit als Grundlage für jede andere Art der Gleichheit durchsetzen, ohne unser Denken vorher erneuert zu haben und ohne in Begriffen zu denken und zu sprechen, die diese Gleichheit unterstreichen. Wie kann die christliche Gemeinde Anfänge in dieser Richtung machen?

Wir können entschlossen lernen, von Gott in einer universalen [d. h. Männer und Frauen einschließenden] Weise zu reden. Mir gefällt Schubert M. Ogdens Definition von Gott: „Das *Du* mit dem größten denkbaren Grad wirklicher Bezogenheit auf andere – nämlich Bezogenheit auf *alle* anderen."[5] Von diesem *Du,* dieser absoluten Bezogenheit, kann man als *Er, Sie* oder *Es* sprechen, denn dieses *Du* ist verletzt und erzürnt, wenn irgendjemand von einer Beziehung ausgeschlossen, untergeordnet und durch Lieblosigkeit und sündigen Drang nach Vorherrschaft entmenschlicht wird. Dieses *Du* ist ein ängstlich wachsamer Gott – wachsam nicht im Sinn hochmütiger Herrscher, die alles Augenmerk auf sich selbst gerichtet sehen wollen, sondern wachsam, daß Er/Sie/Es überall in jedem und allem anerkannt wird. Er wacht auch darüber, daß wir nicht einen Teil der Schöpfung herausnehmen und ihn zu unserem Gott machen. Unglücklicherweise hat unser fast ausschließliches Augenmerk auf die männlichen Gottesbilder zu einer Vergötzung des Mannes geführt. Wir müssen unmittelbar etwas gegen diese Vergötzung unternehmen und erneut lernen, uns auf das *Du* zu beziehen, das *alles,* was ist und was wird, einschließt und bestärkt.

Wir können von unseren vergötzenden Denkmustern geheilt werden, indem wir die Art, wie wir die Bibel in der Kirche und zu Hause lesen, vorsichtig und umsichtig verändern. Wenn wir wirklich glauben, daß die Bibel alle Menschen ansprechen will – daß Erlösung für jeden gemeint ist –, können wir mit Gewohnheiten, die bestimmte Hörer ausschließen, nicht fortfahren. Wir haben denselben Wunsch wie Paulus: „Allen (Menschen) bin ich (selbst) alles geworden, um auf jeden Fall einige zu retten" (1 Kor 9,22). Durch die Verwendung moderner Begriffe wird ermöglicht, daß jeder die Absicht der biblischen Autoren verstehen kann. Ebenso kann auch die englische Sprache umgewandelt werden in eine Sprache, die sich auf alle bezieht, so daß Gottes universell liebende Absichten allen Zuhörern klar werden.

Kathryn Ann Piccard hat einige Vorschläge gemacht, die uns bei diesen Veränderungen helfen könnten.[6] Sie schreibt: „Das Hebräische und das Griechische benutzen das grammatikalische Geschlecht anders als das Englische, weshalb eine Übersetzung schwierig ist. Im allgemeinen sollten Geschlechtspronomen in Bezug auf Gott nicht mit englischen Bezeichnungen übersetzt werden, die nahelegen, Gott habe ein geschlechtliches Wesen, wie z. B. er, sein usw. Stattdessen kann der Übersetzer das Pronomen durch das Nomen, auf das es Bezug nimmt, ersetzen, wie Gott, Gottes, Jahwe usw." Anstellte von „Gott selbst" [engl. himself] können wir „Gottes wahres Selbst" oder (weniger betont) „Gottes Selbst" einsetzen.

Piccard weist darauf hin, daß es „Ausnahmen" gibt „in Abschnitten, in denen sich die Pronomen auf ein geschlechtsspezifisches Bild von Tieren oder Menschen beziehen. Beim Übersetzen (und Lesen) dieser Abschnitte ist es angemessen, die englischen Pronomen passend zum Geschlecht des Bildes zu verwenden. Aber selbst in diesen Abschnitten kann das Nomen anstelle des entsprechenden Pronomens verwendet werden." Mit anderen Worten, in Deuteronomium 32,11 über Gott als Adlermutter kann der Bibelleser „ihr" einsetzen, auch wenn die jeweilige Übersetzung „sein" gebraucht. Selbstverständlich könnte eine Predigt über diese Stelle Frauen und die „weibliche Komponente" von Männern miteinbeziehen, indem in Bezug auf Gott „sie" verwendet wird. Aber Pronomen zur Bezeichnung Gottes können ebenso gut vermieden werden. Das wäre insgesamt das beste, weil die überwältigende Prozentzahl solcher Pronomen männlich sein müßte.

Wenn unser Ziel die Einbeziehung der Frauen und des Weiblichen in die Sprache des Gottesdienstes ist, sollten wir so häufig wie möglich weibliche Gottesbilder benutzen und männliche Pronomen nur in Zusammenhängen verwenden, in denen sie, wie z. B. in einigen Vater/Sohn-Bildern des Neuen Testaments, absolut notwendig sind. Ein außerordentlich männlich klingender Begriff wie „Menschensohn" könnte in „der Menschliche" umgewandelt werden, in einen Begriff also, der wirkungsvoll die Demut und Universalität Jesu in seinen Selbstbezeichnungen vermittelt. Wenn das Bibelkomitee des National Council of Churches seine Arbeit beendet hat und die Sammlung von Bibeltexten mit neuen Sprachregelungen in Bezug auf die Geschlechter erhältlich ist, wird die Aufgabe der Einführung einer Männer und Frauen gleichermaßen meinenden Sprache im Gottesdienst wesentlich erleichtert.

Mir gefällt, mit welcher Beharrlichkeit Kathrin Ann Piccard das *ganze Spektrum* biblischer Bilder von Gott verwendet – menschliche, nicht-menschliche, materielle und nicht-materielle. Wenn wir nur materielle Analogien benutzen (Gott als Fels, Wasser usw.), vernachlässigen wir das transzendente Wesen Gottes. Wir brauchen auch die nicht materiellen Bilder von Gott als Liebe, als Wort, Geist, Verb oder als das Licht. Wenn wir nur menschliche Gottesbilder verwenden (männliche oder weibliche), kann der Anthropomorphismus übertrieben werden und zu einem chauvinistischen Mißbrauch der natürlichen Umwelt führen. Wenn wir Rollenbilder (z.B. Gott als Vater, Ehemann, Mutter) benutzen, um geschlechtliche Rollenmuster zu vergöttlichen und/oder zu rechtfertigen, dann „tritt die Sünde des Sexismus ein". Von der Verehrung Gottes zu der eines bestimmten Gottesbildes, also zum Götzendienst, führt nur ein kurzer Weg. Wir können uns davon befreien, indem wir das ganze Spektrum der biblischen Bilder für Gott gebrauchen.

Ich habe schon meine Überzeugung vorgebracht, daß das „Vaterunser" auch beginnen könnte: „Unser Vater und Mutter im Himmel". Sicherlich hat Jesus uns mit seinem eigenen Bild von der Weiblichkeit Gottes die Gewißheit gegeben, daß er nicht beabsichtigte, Gott ausschließlich männlich darzustellen; deshalb wissen wir, daß die Anrede „Vater und Mutter" sein Verständnis des göttlichen Wesens nicht verletzen würde. Wenn jedoch eine Gemeinde die Änderung der traditionellen Formulierung nicht dulden kann, könnte man das Gebet mit einem Rahmen versehen, in dem das männliche Verständnis weniger exklusive als vielmehr universale Bedeutung erhält. Wenn z.B. in der Einführung vor dem Sprechen des Vaterunsers ein biblisches Bild von Gott als Frau verwendet würde und die ersten Worte nach dem Amen ein biblisches Bild von Gott als Naturerscheinung oder einer nichtmateriellen Haltung Gottes (wie Liebe und Hoffnung) brächten, könnte die Anrede Gottes als Vater wirklich universal verstanden werden.

Für die Doxologie z. B. wird in einigen Kirchen schon folgende Formel gebraucht:

> Lobt Gott, von dem alle Segnungen kommen,
> Lobt Gott alle Lebewesen hier unten,
> Lobt Gott ihr himmlischen Heerscharen:
> Schöpfer, Christus und Heiligen Geist.

Offensichtlich sind Schöpfer und Christus *nicht* dasselbe wie Vater und Sohn. Schöpfer und Christus drücken nicht die wechselseitige Beziehung zwischen den ersten beiden „Personen" der göttlichen Dreieinigkeit aus. Da aber der „Heilige Geist" die gegenseitige Beziehung zwischen den ersten beiden und der dritten Person *nie* ausgedrückt hat und da eine Beziehung, die nur auf der Ebene von Mann zu Mann beschrieben wurde, nie universal erscheinen kann, ist die neue Fassung stimmiger, genauer und ganzheitlicher. Gott wird in drei Funktionen oder Manifestationen beschrieben, von denen jede gleichsinnig und auf eine Weise benannt ist, die eine Beziehung zwischen ihnen in verschiedenen angemessenen Formen erlaubt: die Vaterschaft oder Mutterschaft des Schöpfers oder des Geistes gegenüber Christus, die mütterliche oder väterliche Sorge Christi um den Geist, das brüderliche oder schwesterliche Wirken der Dreieinigkeit usw.

Die Veränderung der liturgischen Sprache wie z. B. in *The Book of Common Prayer* wird nicht einfach sein, auch die Änderung der Sprache in unseren überkommenen Liedern nicht. Aber es geht um die Gesundheit unserer Beziehungen zu anderen, zu uns selbst und zu unserem Gott. Die Anstrengung lohnt sich.

Jennifer Perone Heimmels Doktorarbeit über Juliana von Norwich enthält einige Einsichten, die uns zusätzlich Gründe liefern, den langen Weg der Änderung unserer Sprache und der daraus folgenden sozialen Veränderungen anzutreten. Julianas *Offenbarungen der göttlichen Liebe* verweisen zunächst auf die Kraftverschwendung, die für christliche Frauen in der Vergewisserung lag, daß die Sprache des christlichen Glaubens trotz ihres ausgrenzenden Klangs uns wirklich miteinbezieht. Auf Seite 181 der *Offenbarungen der göttlichen Liebe* sagt Juliana: „Aber an dem hohen, gnädigen Trost, der darauf folgte, erkannte ich, daß diese Offenbarung allen Menschen galt, das heißt, für jeden ... Ich aber hoffe, daß ich ... ein Glied dieser Menschheit bin".[7] Wenn unsere Sprache immer universal ist, kommen wir leichter zu dieser natürlichen Einsicht und müssen nicht so hart um sie kämpfen.

Julianas Forderung nach Selbsterkenntnis ist außerdem aufs engste verbunden mit der Forderung nach der Erkenntnis des Wesens Gottes. Sie schreibt: „Da erkannte ich, daß es viel leichter für uns ist, Gott zu erkennen als unsere eigene Seele. Denn unsere Seele ist so tief in Gott gegründet und in ihm verwahrt, daß wir nicht zu ihrer Erkenntnis gelangen können, wenn wir nicht zuerst Gott erkennen, der der Schöpfer ist und mit dem sie vereint ist."[8] So wird Juliana zu einem christlichen Gott geführt, der weiblich und männlich ist, ein Gott, in dem ihre Seele tief verwurzelt ist. Sie entdeckt, daß tatsächlich alle Menschen und alle Dinge Widerspiegelungen dieser einen, universalen Gottheit sind. Wie die Frauen in *For Colored Girls Who Have Considered Suicide When the Rainbow Is Enuf* findet Juliana Gott in ihrer Seele und liebt ihn leidenschaftlich.

Ein anderer Aspekt: Juliana schrieb eine kurze Fassung der *Offenbarungen der göttlichen Liebe,* die sie dann zwanzig Jahre lang erweiterte. Die lange Fassung enthält nicht nur mehr Bilder von Gott als Frau, sondern enthält viel weniger herabwürdigende Äußerungen über sie selbst. Während sie sich in der kurzen Fassung als schwache und sündhafte Frau darstellt, entfallen solche Äußerungen in der langen Fassung und sie gesteht nur, daß sie zur Zeit ihrer ersten Visionen ungebildet war. Stattdessen kommt eine neue Selbstachtung zum Ausdruck, so etwa in der Äußerung: „Da antwortete ich aus dem Innern heraus mit aller Kraft meiner Seele und sprach: ‚Nein, das will ich nicht; denn du bist mein Himmel.'"[9] Außerdem sind viele der Pronomen des kurzen Textes wie „er", „sein", „ihm" für Seele, Menschheit und Gott im langen Text mit Bedacht zu „sie"

„wir", „uns", „ihre" und „diese" abgeändert. Je mehr Juliana in ihrem Verständnis, daß Gott Vater und Gott Mutter sei, reifte, erstarkte ihr eigenes Selbstverständnis und wurde ruhiger und sicherer. Für unsere Gesellschaft ist das eine Vollendung, die wir uns innig wünschen.

Die Struktur von Julianas Buch und das von ihr bevorzugte Herangehen an Probleme allgemein besteht in einer Bewegung von Gegensatz und Widerspruch (Dualismus) zu einem transzendenten Versöhnungsplan. Kapitel 51 [der englischen Fassung] z. B. „fängt mit einer auffallenden Reihe von Gegenüberstellungen an und bahnt sich dennoch einen Weg zu einer transzendierenden und harmonisierenden Vision der Dreieinigkeit. Es ist sicherlich kein Zufall, daß unmittelbar nach dieser lebhaften Darstellung der Harmonie, die Gegensätze überwindet, der nächste Satz des Buches (der erste Satz von Kap. 52) das erstemal klar und deutlich ausspricht, daß Gott unsere Mutter ist: ‚Da sah ich, daß Gott seine Freude daran hatte, daß er unser Vater ist und unsere Mutter'."[10]

Wie dringend unsere Gesellschaft dieser Harmonie bedarf, die Gegensätze überwindet! Wie dringend unsere zerrissene Persönlichkeit sie braucht! In einem Gott, der zugleich Weibliches und Männliches transzendiert und in sich vereint, kann der Kampf der Geschlechter am Ende befriedet werden.

Nachwort zur deutschen Ausgabe von Elisabeth Moltmann-Wendel

Die vorliegende Untersuchung entstammt den Anregungen, Herausforderungen und Forschungen der feministischen Theologie. Diese bei uns in den akademischen Bereich bisher kaum eingedrungene Theologie entstand zu Beginn der 70er Jahre in den USA parallel zu den Minderheiten-Theologien, z.B. der Schwarzen Theologie und der lateinamerikanischen Befreiungstheologie. Wie Farbige in den USA und in Afrika und Landarbeiter in Lateinamerika, so entdecken heute Frauen, daß die herkömmlichen theologischen Aussagen aus dem Erfahrungsbereich männlicher Theologen stammen und ihre eigenen Lebenssituationen und Einsichten kaum widerspiegeln. Wie Gefangenentheologie (z.B. Dietrich Bonhoeffer), wie Schwarze Theologie oder Befreiungstheologie ist Feministische Theologie eine Erfahrungstheologie, die einen neuen Ort auftut, wo Theologie getrieben wird. Sie geht von den Erfahrungen einer sozial benachteiligten Gruppe aus und reflektiert deren Lebensgefühl und Erwartungen im Horizont der Theologie. Entsprechend anderen Minderheiten sind Frauen sich ihrer benachteiligten Situation bewußt geworden und beginnen ihre Identität zu suchen. Das hat mit kritischer sozialpsychologischer Analyse in der feministischen Bewegung begonnen, setzt sich mit eigener Geschichtsforschung fort und erfaßt schließlich auch die Theologie.

Nun hat es zu allen Zeiten Theologinnen gegeben, die auch in der Theologie verändernde, lebensnahe, existentielle Akzente gesetzt haben, z.B. Hildegard von Bingen, Therese von Avila, Therese von Lisieux, Madame Guyon u.a. Neu für die Feministische Theologie ist, daß sie nicht bei einem allgemeinen weiblichen Selbstverständnis, sondern bei dem gesellschaftlich bedingten Lebensgefühl von Frauen ansetzt, eine kulturell und sozial benachteiligte Gruppe zu sein. Frauen sind eine Mehrheit, die wie eine Minderheit behandelt wird. Sie füllen die Kirchenbänke, aber prägen die Kirche nicht. Feministische Theologie ist zu einer ökumenischen, weltweiten Bewegung mit vielen künstlerischen, therapeutischen und politischen Ausdrucksformen geworden, die Frauen auf dem Weg der Selbstfindung begleiten will. Sie hat als solche in der Bundesrepublik eine große Breitenwirkung erzielt.

Aber daneben ist sie auch eine Wissenschaft, und das wissenschaftliche Legitimationsbedürfnis wächst auch bei uns zunehmend mit einer neuen Generation von Studentinnen. Ähnlich schwer wie es in unserer Kirche eine aus gesellschaftlichen Erfahrungen kommende Theologie hat, so schwierig ist es auch für eine feministische Wissenschaft, innerhalb der als objektiv geltenden Wissenschaften einen Platz zu bekommen. Es sind Inhalte und Fragestellungen aus dem verdrängten Frauenleben, mit denen feministische Wissenschaftlerinnen ihre jeweiligen Fachdisziplinen konfrontieren. Dies bedeutet jedoch nicht einfach eine Addition zur traditionellen Wissenschaft. Vielmehr werden auch die Formen der wissenschaftlichen Erkenntnis und ihrer Vermittlung kritisiert, da sie losgelöst von konkreten Menschen und ihrer Praxis zu falschen Abstraktionen und unzulässigen Generalisierungen führen. Feministische Exegese z. B. befragt aus der Perspektive von Frauen Texte und bezweifelt den Anspruch der traditionellen Exegese, objektive Wahrheit zu sein. Sie liefert sich dem Vorwurf aus, subjektiv, interessengebunden, unwissenschaftlich zu sein. Aber sie erfüllt den Anspruch, Texte nach ihrem Humanum, ihrer Bedeutung für Frauen und auch für Männer zu befragen. Konflikte mit den für die Texte scheinbar objektiven theologischen Gottesvorstellungen sind damit vorprogrammiert.

Während die Feministische Wissenschaft in den USA entwikkelt und verbreitet ist, kämpft sie bei uns um Anerkennung und Überleben. Feministische Theologie hat es an unseren akademischen Institutionen noch schwerer, da sie sich nicht nur mit dem Vorwurf der Unwissenschaftlichkeit herumschlagen muß, sondern auch noch mit den zutiefst verinnerlichten Patriarchatsvorstellungen in Gottes- und Selbstbewußtsein konfrontiert ist. Zur Frage: Wie männlich ist die Wissenschaft? stößt sofort noch die Zusatzfrage: Wie männlich ist die Theologie? Läßt sie ein neues Vorstellungsmodell zu? Kann z.B. neben dem transzendenten Vatergott nicht auch die prozeßhafte Vorstellung einer teilhabenden Schöpfung Platz haben? Dies sind Fragen, die bei uns im akademischen Raum bisher kaum diskutiert werden.

Die feministische Theologie ist nun kein Monolith. Sie hat sich inzwischen in verschiedene Richtungen entwickelt, auch wenn die einzelnen Richtungen sich immer wieder überschneiden. Ich sehe gegenwärtig drei Hauptströmungen innerhalb der feministisch-theologischen Literatur, die die ganze Bandbreite der Forschung und Diskussion widerspiegeln.

1. Radikal-feministische Religion

Sie wird vor allem von Mary Daly (Jenseits von Gott-Vater, Sohn und Co.; Gyn-Ökologie) vertreten, profiliert sich auf dem Hintergrund der patriarchalen Theologie und kritisiert diese radikal als Produkt des Patriarchats. Für Daly ist „die Symbolfigur des Vaters im Himmel eine Erzeugung menschlicher Phantasie, die vom Patriarchat mit dem Stempel der Glaubwürdigkeit versehen wurde". In diesem Symbol wird die Frauenunterdrückung legitimiert. Frauen können nur frei werden, wenn sie diese männlichen Bilder in sich zerstören, die Macht ihres eigenen Seins entdecken und der angeblichen Realität der patriarchalen Welt und ihrer Nekrophilie mutig entgegentreten. In der Schwesternschaft der Antikirche nur kann das lebenbringende neue Sein erfahren werden.

Auf Dauer halten Dalys radikale, jeder geschichtlichen Differenzierung mangelnde Thesen gegenwärtigen historischen

Forschungen nicht stand. Ihre nicht vorhandene gesellschaftliche Konzeption, ihre Illusion von neuer heiler Schwesterlichkeit „ohne Depression, ohne Runzeln und Flecken“ helfen kaum, neue gesellschaftliche Wege für Frauen zu finden.

Im Zuge des Patriarchat-Bildersturms Dalys hat sich eine Göttinnenbewegung gebildet, die im Bild der Göttin die so lange verweigerte Unabhängigkeit der Frau und zugleich neue lebengebende Kräfte, Rhythmen und Rituale entdeckt. Im deutschsprachigen Raum ist die Bewegung vor allem durch die Arbeiten Heide Göttner-Abendroths (Die Göttin und ihr Heros; Die tanzende Göttin) bestärkt worden (vgl. dazu Ursa Krattiger, Die perlmutterne Mönchin).

2. *Kritisch-feministische Theologie*

Sie wird von Theologinnen vertreten, die im Christentum ein zu befreiendes emanzipatorisches Urgestein sehen, dessen patriarchalische Überlagerungen sie aufdecken wollen, und die die Differenziertheit historischer Prozesse wahrnehmen.

Elisabeth Schüssler-Fiorenza (In Memory of Her) vertritt als Neutestamentlerin die radikalere Linie: eine historisch-kritische feministische Befreiungstheologie, die mit den Mitteln der historisch-kritischen Methode die Texte von einem feministischen Standpunkt aus befragt und die eine feministische Geschichte rekonstruieren möchte. Die drei anthropologischen Kriterien, von denen sie dabei ausgeht, sind aus der gegenwärtigen Frauenbewegung genommen: Freiheit, Macht und Unabhängigkeit der Frau. Der anthropologische Ansatz der Theologiegeschichtlerin Rosemary Ruether (Frauen für eine neue Gesellschaft; Sexism and Godtalk) dagegen ist breiter: sie geht der in Dualismen von Geist und Natur, Seele und Leib, Mann und Frau aufgespaltenen Humanität nach, die für sie ein typisches Merkmal patriarchaler Weltbilder sind. Schon in den prophetisch-messianischen Aufbrüchen entdeckt sie innerhalb der jüdisch-christlichen Tradition Spuren dieser jetzt in der Frauenbewegung aufbrechenden Humanität. Die Frauenfrage sieht sie unlösbar verbunden mit der gesellschaftlichen und ökologischen Befreiung.

Diese kritisch-feministische Theologie ist vor allem eine Herausforderung der akademischen Theologie, da sie ein neues theologisches Forschungsprogramm fordert. Im deutschsprachigen Raum vertreten Catharina Halkes (Gott hat nicht nur starke Söhne) und Elisabeth Moltmann-Wendel (Das Land wo Milch und Honig fließt) in unterschiedlicher Form diese Richtung.

Eine hauptsächlich im deutschen Raum begegnende Variante kritisch-feministischer Theologie ist die religionspsychologisch orientierte feministische Theologie (z. B. Christa Mulack, Die Weiblichkeit Gottes), die biblische Texte an dem psychologischen Muster mißt, das Weibliche gehe dem Männlichen voraus.

3. Christlich-feministische Hermeneutik

Ohne die kritischen Fragen an die Tradition zu übersehen, aber auch ohne sie zu thematisieren, versuchen Frauen im Rahmen von Sprachforschung und Symboldeutung den christlichen Grundbestand neu, frauenorientiert, feministisch zu interpretieren. In diese dritte Kategorie feministischer Theologie gehört die vorliegende Arbeit von Virginia R. Mollenkott. Gegenstand der Untersuchung können dogmatische Aussagen wie Trinitätslehre, Christologie usw. sein. Eine protestantisch-feministische Hermeneutik konzentiert sich dabei vor allem auf die Bibel (z. B. auch Letty Russell, Phyllis Trible). Die vorhandenen Aussagen werden auf ihren Grundgehalt hin neu überprüft, der geschichtliche Rahmen wird beleuchtet und ihr pastoraltheologischer Sinn tritt neu zutage. So werden z. B. die verdrängten und vergessenen Aussagen über die Weiblichkeit Gottes nach ihrem Kontext und ihrer geschichtlichen Bedeutung befragt. Die dabei auffallende Diskrepanz zwischen theologischen Aussagen und kirchlich-gesellschaftlicher Praxis nennt Virginia

R. Mollenkott nach einem Begriff Eliots: Spaltung der Empfindung (dissociation of sensibility). Unter gegenwärtigen Bedingungen wird diese heute bewußt und muß aufgehoben werden. Eine universale, d.h. Mann und Frau einschließende Sprache ist ein Schritt in die Richtung, traditionelle männliche und weibliche Verhaltensweisen als gleichwertige menschliche Verhaltensweisen zu sehen und in Kirche und Gesellschaft eine neue Praxis der Gleichheit von Frau und Mann zu legitimieren und zu fördern. Diese Literatur hat vor allem in der Praxis der Kirche, für Bibelarbeit, Meditation und Unterricht ihre Bedeutung.

Alle drei dargestellten Richtungen begegnen auch schon im deutschsprachigen Raum. Die christlich-feministische Hermeneutik ist bei uns bisher aber am wenigsten bekannt geworden. So kann der vorliegende Band eine notwendige Lücke schließen und das brennende Gespräch über weibliches Selbstverständnis, Gottesbilder und verändernde Praxis neu beleben.

Weiterführende deutschsprachige Literatur

1. Exegetische und bibeltheologische Grundlagenwerke

Böhm/Reichle/Korenhof-Scharffenorth (Hg.), Aus dem Brunnen schöpfen. Geschichten aus der hebräischen Bibel und dem Neuen Testament, von Frauen erzählt und ausgelegt, Neukirchen 1986.

Brooten, Bernadette und *Norbert Greinacher,* Frauen in der Männerkirche, München 1982.

Craig Faxon, Alicia, Frauen im Neuen Testament, München 1979.

Crüsemann, Frank und *Hartwig Thyen,* Als Mann und Frau geschaffen, Gelnhausen 1979.

Dautzenberg, Gerhard u. a. (Hg.), Die Frau im Urchristentum, Freiburg 1983.

Friebe-Baron, Christine, Ferne Schwestern ihr seid mir nah. Begegnungen mit Frauen aus biblischer Zeit. Stuttgart 1988.

Gerstenberger, Erhard, Herrschen oder Lieben, Zum Verhältnis der Geschlechter im Alten Testament. In: *Jörg Jeremias/ L. Perlitt* (Hg.), Die Botschaft u. die Boten, Neukirchen 1981.

Hanson, Paul, Männliche Metaphern für Gott und die unterschiedliche Behandlung der Geschlechter im Alten Testament. In: *E. Moltmann* (Hg.), Frauenbefreiung – Biblische und theologische Argumente, München 1978.

Heister, Maria-Sybilla, Frauen in der biblischen Glaubensgeschichte, Göttingen 1984.

Kruse, Ingeborg, Unter dem Schleier – ein Lachen. Neue Frauengeschichten aus dem AT. Stuttgart 1986.

Küchler, M., Schweigen, Schmuck und Schleier. Drei neutestamentliche Vorschriften zur Verdrängung der Frauen auf

dem Hintergrund einer frauenfeindlichen Exegese des Alten Testamentes im antiken Judentum, Göttingen 1986.
Langer, Leistner, Moltmann, Mit Mirjam durchs Schilfmeer, Stuttgart 1982.
Moltmann-Wendel, Elisabeth, Ein eigener Mensch werden. Frauen um Jesus, München [6]1987.
Ohler, Annemarie, Frauengestalten der Bibel, Würzburg 1987.
Schelkle, Karl Hermann, Der Geist und die Braut, Düsseldorf 1979.
Schottroff, Willy und *Wolfgang Stegemann* (Hg.), Traditionen der Befreiung, Bd. 2, München 1980.
Schüssler-Fiorenza, Elisabeth, Zu Ihrem Gedächtnis, München 1988.
dies., Brot statt Steine. Fribourg 1988.
Stendahl, Krister, Die biblische Auffassung von Mann und Frau. In: *E. Moltmann* (Hg.), Frauenbefreiung – Biblische und theologische Argumente, München 1978.
Swidler, Leonard, Jesus Begegnung mit Frauen: Jesus als Feminist. In: *E. Moltmann* (Hg.), Menschenrechte für die Frau, München 1974.
Russell, Letty, Als Mann und Frau ruft er uns, München 1979.
Trible, Phyllis, Gegen das patriarchalische Prinzip in Bibelinterpretationen. In: *E. Moltmann* (Hg.), Frauenbefreiung.
dies., Mein Gott, warum hast du mich vergessen? Frauenschicksale im AT, Gütersloh 1987.
Visser't Hooft, W. A., Gottes Vaterschaft im Zeitalter der Emanzipation, Frankfurt 1982.
Walter, Karin (Hg.), Frauen entdecken die Bibel, Freiburg 1986.
dies. (Hg.), Zwischen Ohnmacht und Befreiung. Biblische Frauengestalten, Freiburg 1988.
Weiler, Gerda, Ich verwerfe im Land die Kriege, München 1984.
Wolff, Hanna, Jesus der Mann, Stuttgart 1975.

2. *Literatur zur feministischen Theologie*

Barz, Helmut, Männersache. Kritischer Beifall für den Feminismus, Stuttgart 1984.

Daly, Mary, Jenseits von Gottvater, Sohn und Co., München 1980.

dies., Gyn/Ökologie, München 1981.

Dirks, Marianne (Hg.), Glauben Frauen anders? Freiburg 1983.

Gerber, Uwe, Die feministische Eroberung der Theologie, München 1987.

Greely, Andrew, Maria. Über die weibliche Dimension Gottes, Graz 1977.

Halkes, Catharina, Gott hat nicht nur starke Söhne, Gütersloh 1980.

Hauschildt, Ingeborg, Gott eine Frau? Weg und Irrweg der feministischen Theologie, Wuppertal 1983.

Handbuch Feministische Theologie, hg. von *Christine Schaumberger* u. *Monika Maassen,* Münster 1986.

Heine, Susanne, Wiederbelebung der Göttinnen? Zur systematischen Kritik einer feministischen Theologie, Göttingen 1987.

Heyward, Carter, „Und sie rührte sein Kleid an". Eine feministische Theologie der Beziehung, Stuttgart 1986.

Göttner-Abendroth, Heide, Die Göttin und ihr Heros, München 1980.

dies., Die tanzende Göttin, München 1982.

Gössmann, Elisabeth, Die streitbaren Schwestern, Freiburg 1981.

Krattiger, Ursa, Die perlmutterne Mönchin, Stuttgart 1983.

Lüthi, Kurt, Gottes neue Eva, Stuttgart 1978.

Moltmann-Wendel, Elisabeth, Das Land wo Milch und Honig fließt. Perspektiven einer feministischen Theologie, Gütersloh 1985.

dies., Frau und Religion. Gotteserfahrungen im Patriarchat, Frankfurt 1983.

dies. (Hg.), Weiblichkeit in der Theologie. Verdrängung und Wiederkehr, Gütersloh 1989.
Mulack, Christa, Die Weiblichkeit Gottes, Stuttgart 1983.
dies., Jesus der Gesalbte der Frauen, Stuttgart 1986.
Pissarek-Hudelist, Herlinde, Feministische Theologie – eine Herausforderung? Zeitschrift für kath. Theol. (Wien) 103, 1981, S. 289–308, 400–425.
Ruether, Rosemary, Frauen für eine neue Gesellschaft, München 1979.
dies., Maria – Kirche in weiblicher Gestalt, München 1980.
dies., Sexismus und die Rede von Gott, Gütersloh 1985.
Schaumberger, Ch. und *L. Schottroff,* Schuld und Macht. Studien zu einer feministischen Befreiungstheologie, München 1988.
Siegele-Wenschkewitz, L. (Hg.), Verdrängte Vergangenheit, die uns bedrängt. Feministische Theologie in der Verantwortung für die Geschichte, München 1988.
Strahm, Davis, Aufbruch zu neuen Räumen, Fribourg 1987.
Wacker, Marie-Theres (Hg.), Der Gott der Männer und die Frauen, Düsseldorf 1987.
Wartenberg-Potter, Bärbel v., Wir werden unsere Harfen nicht an die Weiden hängen. Engagement und Spiritualität, Stuttgart 1986.
Welch, Sharon D., Gemeinschaften des Widerstandes und der Solidarität. Eine feministische Theologie der Befreiung, Fribourg 1988.
Woeller, Hildegunde, Ein Traum von Christus, in der Seele geboren, im Geist erkannt, Stuttgart 1987.

Anmerkungen

Kapitel 1

1 Zitiert bei Jeanne Audry Powers (Vorsitzende der Kommission für Glauben und Kirchenverfassung des National Council of Churches, USA) in „The Image an the Images", Predigt, gehalten bei der Entsendung der US-Delegierten zur Weltkonferenz über die Gemeinschaft von Frauen und Männern in der Kirche im März 1981. Nachdruck erhältlich von Women's Caucus, Box 3192, San Francisco, California 94119.

Kapitel 2

1 Jennifer Perone Heimmel, *„God Is Our Mother": Julian of Norwich and the Medieval Image of Christian Feminine Divinity* (St. John's University Doctoral Dissertation, 1980; auf Anfrage bei University Microfilms International), Zitat S. 15, Übersetzung aus dem Englischen.

2 Edgar Hennecke und Wilhelm Schneemelcher, *Neutestamentliche Apokryphen und Pseudoepigraphen* in deutscher Übersetzung, 3., völlig neubearb. Aufl., Band II, S. 220.

3 Heimmel, aaO., S. 21–22; Übersetzung der Zitate aus dem Englischen.

4 Heimmel, aaO., passim. Auch Kathryn A. Piccard hat in *Bible Images of God,* Arbeitspapiere, von der Autorin 1977 formlos veröffentlicht, eine Menge wertvoller Informationen gesammelt. Piccards Arbeitspapiere enthalten eine Liste von 63 außerkanonischen Schriften, anonym oder von bestimmten Autoren, die biblische Bilder eines weiblichen Gottes benutzen. Einige der diskutierten Hinweise stammen natürlich aus meinen eigenen Untersuchungen der Quellen.

5 Caroline Walker Bynum, *Jesus as Mother: Studies in the Spirituality of the High Middle Ages,* Berkeley, University of California Press, 1982, S. 129.

6 Bynum, aaO., S. 134.

7 Bynum, aaO., S. 140–141 und S. 162.

8 Bynum, aaO., S. 161.

9 Bynum, aaO., S. 145 und passim.

10 George R. Potter und Evelyn M. Simpson, Hrg., *The Sermons of John Donne,* 10 Bde., Berkeley, University of California Press, 1953–62; B. 7,

S. 418–419. Vgl. Virginia Mollenkott, *John Donne and the Limitations of Androgyny*, in: Journal of English and Germanic Philology, LXXX (Januar 1981), S. 22–38.

Kapitel 3

1 Phyllis Trible, *God an the Rhetoric of Sexuality*, Philadelphia, Fortress, 1978, S. 62. Trible weist darauf hin, daß die Übersetzung der Jerusalemer Bibel „The God who fathered you" „unzulässig" ist.
2 Eine glänzende, in die Tiefe gehende Diskussion der Mutterleibsbilder in der Bibel ist in dem Kapitel „Journey of a Metaphor" in Phyllis Trible, aaO., S. 31–59, enthalten.
3 Caroline Walker Bynum, *Jesus as Mother: Studies in the Spirituality of the High Middle Ages*, Berkeley, University of California Press, 1982, S. 118.
4 *Christosophia oder Der Weg zu Christo*, Sämtliche Schriften neu hg. von Will-Erich Peukert, Stuttgart 1957, Band 4, S. 112.
5 Böhme, aaO., S. 83.
6 Böhme, aaO., S. 138.

Kapitel 4

1 Jennifer Perone Heimmel, *God Is Our Mother*, S. 18.
2 Heimmel, S. 19; Übersetzung aus dem Englischen.
3 Augustinus, *Über die Psalmen*, zitiert bei Heimmel, S. 25; Übersetzung aus dem Englischen.
4 *The Interior Castle*, übers. ins Engl. von Kieran Kavanaugh, O. C. D. und Otilio Rodrigez, O. C. D., New York, Paulist Press, 1979, S. 179–180; deutsche Übersetzung aus dem Englischen.
5 Leonard Swidler, *Biblical Affirmations of Woman*, Philadelphia, The Westminster Press, 1979, S. 173.
6 Heimmel, S. 21.
7 Caroline Walker Bynum, *Jesus as Mother*, S. 122.

Kapitel 5

1 Hadewijch, *The Complete Works*, übers. von Mother Columba Hart, O. S. B., New York, Paulist Press, 1980, S. 132. Übersetzung aus dem Englischen.
2 Juliana von Norwich, *Offenbarungen der göttlichen Liebe*, hg. von Otto Karrer, übers. von G. Gerlach, Paderborn, 1926; S. 138.

Kapitel 6

1 Da das hebräische Wort für Geist weiblich und das griechische sächlich ist, gibt es keinen einleuchtenden Grund, vom Geist männlich zu sprechen – außer wenn man davon ausgeht, daß Gott männlich ist!

2 Durch die Einfügungen in Klammern wurde der Text in eine Männer und Frauen einbeziehende Sprache gefaßt.

Kapitel 7

1 *The Hebrew Goddess,* New York, KTAV Publishing House, 1967, (Nachdruck Avon Press, 1978), S. 8 und 115. Patais Buch enthält auch eine faszinierende Diskussion über die Cherubim, die über dem Allerheiligsten schwebten. Philo (20 v. Chr.–50 n. Chr.) erklärte, daß ein Cherub männlich, der andere weiblich war, um die männlichen und weiblichen Aspekte Gottes zu repräsentieren. Der männliche Cherub symbolisiert Gott (*Elohim*) als Vater, Ehemann, Zeuger, Schöpfer, Vernunft, Güte, Friedliebenden, Vornehmen und Wohltätigen. Der weibliche Cherub symbolisiert den Herrn (*Jahwe*) als Mutter, Ehefrau, Gebärerin, Ernährerin, Weisheit, höchste Gewalt, Gesetzgebende, Strafende und Zurechtweisende (Patai, S. 74).

2 „Shekinah" in: *The Interpreter's Dictionary of the Bible,* Nashville, Abingdon, 1962, Band IV, S. 317.

3 Zitiert bei Patai, S. 113; Übersetzung aus dem Englischen.

4 *The New Harper's Bible Dictionary,* 8. Aufl., New York, Harper and Row, 1973, S. 672.

5 „Shekinah", IV, S. 318.

6 „Shekinah", IV, S. 319.

7 *Response: Contemporary Jewish Review,* XIII, Fall-Winter, 1982, S. 60. Nachdruck mit Einwilligung der Autorin.

8 *In Memoriam,* no. 96, *The Norton Anthology of English Literature,* 3. Aufl., Major Authors Edition, New York, Norton, 1975, S. 2037.

Kapitel 8

1 New York, Oxford University Press, 1967, S. 648.

2 Neuere deutsche Übersetzungen verwenden „Dohle" oder „Eule" (Anm. d. Ü.).

3 „Pelican", *The Interpreter's Dicitionary of the Bible,* Nashville, Abingdon, 1962, Band 3, S. 710.

4 Gertrude Grace Sill, *A Handbook of Symbols in Christian Art,* New York, Collier Books, 1979, S. 25.

5 William Rose Benét, „Pelican", *The Reader's Encyclopedia,* New York, Thomas Y. Crowell, 1948, Band 3, S. 835.

6 *The Prose of Sir Thomas Browne,* hg. von Norman J. Endicott, Garden City, New York, Doubleday, 1967, S. 216.
7 Caroline Walker Bynum, *Jesus as Mother,* Berkeley, University of California Press, 1982, S. 132.
8 *The Bestiary: A Book of Beasts,* übers. von T. H. White, New York, G. P. Putnam's Sons, 1954, repr. 1960, S. 132–133; Übersetzung aus dem Englischen.
9 *The Prose of Sir Thomas Browne,* S. 215.
10 *The Bestiary,* S. 133.
11 Benét, S. 835; Sill, S. 24.
12 *The Bestiary,* Titelseite.
13 Zitiert bei William Rose Benét, S. 835.

Kapitel 9

1 G. A. Gaskell, „Bears", in: *Dictionary of All Scriptures and Myths: A Classic Reference Guide to the Sacred Language of the Religions of the World,* New York, Avenel Books, 1960; repr. 1981, S. 94.
2 *The Bestiary: A Book of Beasts,* übers. von T. H. White, New York, Capricorn Books, 1954; repr. 1960, S. 45–47.
3 *Jesus as Mother,* Berkeley, University of California Press, 1982, S. 185.
4 Bynum, S. 225–226.

Kapitel 10

1 Hg. von Linda Clark, Marian Ronan und Eleanor Walker, New York, The Pilgrim Press, 1981, S. 12.
2 Phyllis Trible, *God and the Rhetoric of Sexuality,* Philadelphia, Fortress Press, 1978, S. 197.
3 Trible, S. 173.
4 Das behauptet F. Cross in *Canaanite Myth and Hebrew Epic,* 1973, S. 54–55. Vgl. Phyllis Trible, „God, Nature of, in the Old Testament", *The Interpreter's Dictionary of the Bible,* Ergänzungsband, S. 368.
5 Trible, S. 183.

Kapitel 11

1 Zu den Einzelheiten vgl. Leonard Swidler, *Biblical Affirmations of Woman,* Philadelphia, Westminster Press, 1979, und *Woman in Judaism,* Metuchen, New Jersey, Scarecrow Press, 1976; Letha Scanzoni und Nancy Hardesty, *All We're Meant to Be,* Waco, Texas, Word Books, 1974; Virginia R. Mollenkott, *Women, Men, and the Bible,* Nashville, Abingdon Press, 1977; und andere in diesen Werken erwähnte Bücher.

2 Theklas Geschichte wird in den apokryphen *Acta Apostolorum* berichtet. Vgl. Rosemary Ruether, „Mothers of the Church", in: *Women of Spirit: Female Leadership in the Jewish and Christian Traditions,* hg. von Rosemary Ruether und Eleanor McLaughlin, New York, Simon and Schuster, 1979, S. 74.

3 *Ellicott's Bible Commentary in One Volume,* bearb. von Donald N. Bowdle, Grand Rapids, Michigan, Zondervan Publishing House, 1971, S. 788.

4 *Biblical Affirmations of Women,* S. 171.

5 Ebd.

6 *The Works of George Herbert,* hg. von F. E. Hutchinson, Oxford, Clarendon Press, 1941.

Kapitel 12

1 Phyllis Trible, „Women in the Old Testament", *Interpreter's Dictionary of the Bible,* Supplementary Volume, Nashville, Abingdon, 1976, S. 965.

2 *God and the Rhetoric of Sexuality,* Philadelphia, Fortress Press, 1978, S. 145.

3 Vgl. z. B. *Ellicott's Bible Commentary in One Volume,* Grand Rapids, Michigan, Zondervan Publishing House, 1971, S. 1229. (Ellicott fordert sogar einen Vergleich zwischen Offb 12,1 und Hld 6,10).

4 Trible, *God and the Rhetoric of Sexuality,* S. 161–162.

Kapitel 13

1 Vgl. Phyllis Trible, *God and the Rhetoric of Sexuality,* Philadelphia, Fortress Press, 1978, S. 72–143.

2 *Image-Breaking/Image-Building,* hg. von Linda Clark, Marian Ronan und Eleanor Walker, New York, Pilgrim Press, 1978, S. 84; Hervorhebung durch die Autorin.

3 *The Use of Silence,* London, S. P. C. K., 1955, S. 17.

4 *Offenbarungen der göttlichen Liebe,* hg. von Otto Karrer, Paderborn, 1926, S. 144; Hervorhebung durch die Autorin.

5 Die männlichen Gottesbilder in der Bibel wurden immer auch so verstanden, daß *Männer* gottähnlich sind, und haben daher Männer bestärkt, Verantwortung für die Gesellschaft zu übernehmen. Die Aussage, daß *Frauen* gottähnlich sind, ist daher kein Versuch, Männer auszustechen, sondern einfach der, ein menschliches Gleichgewicht herzustellen. Selbstverständlich müßten die Bilder von Gott als Frau in der Liturgie, in Liedern und Predigten sehr häufig benutzt werden, damit sie einen verstärkenden Effekt für Frauen in der Gesellschaft haben.

Kapitel 14

1 Ich empfinde *Kingdom* (engl. für Reich Gottes) nicht als ein besonders bedeutsames Bild für moderne Amerikaner, auch seine männlichen und auf Klassen bezogenen Assoziationen sind nicht hilfreich. Ich habe mich jedoch entschieden, *Kingdom* in diesem Kapitel beizubehalten, um so klar wie möglich die biblische Grundlage des Bildes von Gott als Bäckerin herauszustellen. Ansonsten bevorzuge ich die Wörter *Commonwealth, Sphäre* oder *Reich* (engl. *realm*).

2 „Leaven", in *The Interpreter's Dictionary of the Bible,* Nashville, Abingdon Press, 1962, Band III, S. 104–105.

3 Das ganze Gedicht ist abgedruckt in Linda Clark, Marian Ronan und Eleanor Walker, *Image-Breaking/Image-Building,* New York, The Pilgrim Press, 1981, S. 70–71. Ursprünglich veröffentlicht in *In God's Image: Toward Wholeness for Women and Men,* hg. von La Vonne Althouse und Lois K. Snook, New York, Division for Mission in North America, Lutheran Church in America, 1976, S. 13.

Kapitel 15

1 Es wäre natürlich absurd, aus dem Umstand, daß das Adlerbild an Männer gerichtet ist, zu schließen, daß das Bild Frauen aus dem göttlichen „Nest" ausschließt. Weil Männer im Alten Testament als Norm des Menschlichen galten, müssen männliche Anspielungen als die Frauen einschließend interpretiert werden.

2 „Falconiformes", *The New Encyclopedia Britannica, Macropaedia* (1979), Band 7, S. 145–152; und Griffin Bancroft, *Vanishing Wings: A Tale of Three Birds of Prey,* New York, Franklin Watts, 1972, S. 14.

3 *Ellicott's Bible Commentary in One Volume,* Grand Rapids, Michigan, Zanodervan Publishing House, 1971, S. 1230.

4 Catherine of Siena, *The Dialog,* übers. von Suzanne Noffke, New York, Paulist Press, 1980, S. 205.

5 *God and the Rhetoric of Secuality,* Philadelphia, Fortress Press, 1978, S. 40–50. Vgl. auch Leonard Swidler, *Biblical Affirmations of Woman.* Philadelphia, The Westminster Press, 1979, S. 31–32.

6 Caroline Walker Bynum, *Jesus as Mother,* Berkeley, University of California Press, 1982, S. 125.

7 In UFMCC Trial Hymnal, UFMCC, 5300 Santa Monica Blvd., Suite 304, Los Angeles CA 90029.

8 Mehr über die Bibel und geschlechtliche Sozialisation ist zu finden in Letha Scanzoni und Nancy Hardesty, *All We're Meant to Be,* Waco, Word, 1974; und Virginia R. Mollenkott, *Women, Men, and the Bible,* Nashville, Abingdon, 1977.

9 Ein Buch mit dem Titel *As An Eagle: The Holy Spirit Mother,* 1981, kann von Lois I. Roden (P.O. Box 4098, Waco, Texas 76705) bezogen werden. So sympathisch ich Lois Rodens Versuche finde, zu beweisen, daß der Heilige Geist die weibliche Komponente der Trinität ist (Vater, Mutter und Sohn), so liegt mir doch daran, meine Auffassung zu wiederholen, daß es klüger ist, sich an den Wortgebrauch der Bibel zu halten, d.h. es wird Weibliches, Männliches und Sächliches mit *allen drei Personen* der Gottheit in den Bilder assoziiert.

Kapitel 16

1 Obwohl in dem, was Jesus unmittelbar darauf sagt, Ärger spürbar ist: „Darum wird euer Haus (von Gott) verlassen", gibt es dennoch die Verheißung der Erlösung, denn das Elend wird enden, sobald die Leute sagen „Gesegnet sei, der kommt im Namen des Herrn!" (Mt 23,39; Cf. Ps 118,26). Die Liebe ist frei für die Einnahme der Stadt.

2 Phyllis Trible, *God and the Rhetoric of Sexuality,* Philadelphia, Fortress Press, 1978, S. 184.

3 Caroline Walker Bynum, *Jesus as Mother,* Berkeley, University of California Press, 1982, S. 114. Auf das Zitat von Anselm wurde ich erstmals von Jane Wilcox, diaconical minister der Mt. Vernon United Methodist Church in Wichita, Kansas, aufmerksam gemacht.

4 Bynum, S. 119–120 und 124–125.

Kapitel 17

1 „Wisdom in the Old Testament", *Interpreter's Dictionary of the Bible,* Supplementary Volume, Nashville, Abingdon, 1976, S. 956. Crenshaw sagt, die Weisheit „erinnert nachdrücklich an außerbiblische Vorbilder, nämlich Maat und Ischtar".

2 „Wisdom in the New Testament", *Interpreter's Dictionary of the Bible,* Supplementary Volume, S. 958. In seinem Buch *Biblical Affirmations of Women* zitiert Leonard Swidler Conzelmanns Aussage, daß „die Vorgängerin der personifizierten Weisheit ... die synkretistische Göttin ist, die allgemein bekannt ist unter dem Namen Isis" (S. 36).

3 „Wisdom in the New Testament", *Interpreter's Dictionary of the Bible,* S. 958.

4 In der ersten Predigt in *Sermons of the Mount, Harmony of the Gospels, Homilies on the Gospels,* zitiert bei Jennifer Perone Heimmel, *„God Is Our Mother": Julian of Norwich and the Medieval Image of Christian Feminine Divinity,* Ann Arbor, University Microfilms International, 1980, S. 24.

5 In *Questionum Evangelium,* zitiert bei Heimmel, S. 25.

6 Leonard Swidler zitiert Raphael Patais Aussage, daß Weisheit 8,3 die Weisheit als Gottes Ehefrau schildert (vgl. 8,9). Auch Philo sagt direkt, daß Gott der Ehemann der Sophia (Weisheit) sei. Vgl. *Biblical Affirmations of Woman,* S. 47–48.

7 „Wisdom in the New Testament", S. 958.

8 *The Feminine in Jungian Psychology and in Christian Theology,* Evanston, Northwestern University Press, 1971, S. 315–316.

9 „The Catholic Concept of the Feminine", *Bucknell Review* XXIV, Spring 1978, S. 67.

10 „A Few Thoughts on the Individuation Process in Women", *Spring,* New York, The Analytical Psychology Club, 1941, S. 84; zitiert bei Ulanov.

11 Zu diesem Thema vgl. Stephanie A. Demetrakopoulos, „Anais Nin and the Feminine Quest for Consciousness: The Quelling of the Devouring Mother and the Ascension of the Sophia (Wisdom)", *Bucknell Review,* XXIV, Spring 1978, S. 119–136.

Kapitel 18

1 *Beyond God the Father,* Boston, Beacon Press, S. 15; deutsch: *Jenseits von Gott Vater, Sohn & Co.,* München, 1978.

2 William Blake, „A Song of Liberty".

3 Ernest Jones, *Essays in Applied Psychoanalysis,* New York, International Universities Press, 1964, Band 2, S. 326 und 341.

Kapitel 19

1 Auf diese Theorie stößt man häufig. Vgl. z. B. Raphael Patai, *The Hebrew Goddess,* New York, KTAV Publishing House, 1967; Neudruck Avon, 1968.

2 *Biblical Affirmations of Woman,* Philadelphia, Westminster Press, 1979, S. 36.

3 Vgl. Virginia R. Mollenkott, „Some Implications of Milton's Androgynous Muse", in: *Bucknell Review,* XXIV, Spring 1978, S. 27–36.

4 Vgl. Virginia R. Mollenkott, „Milton and Women's Liberation" in: *Milton Quarterly,* VII, December 1973, S. 99–103.

5 *The Reality of God and Other Essays,* zitiert bei Stephanie A. Demtrakopoulos in „Anais Nin and the Feminine Quest for Consciousness: The Quelling of the Devouring Mother and the Ascension of the Sophia", Bucknell Review, XXIV, Spring 1978, S. 133.

6 Unveröffentlichtes Arbeitspapier mit dem Titel *Bible Images of God,* 1977 (vgl. Kap. 2, Anm. 4).

7 *Offenbarungen der göttlichen Liebe,* hg. von Otto Karrer, Paderborn, 1926, S. 181.
8 *Offenbarungen,* aaO., S. 132–133.
9 aaO., S. 68
10 Jennifer Perone Heimmel, „*God is Our Mother*": Julian of Norwich and the Medieval Image of Christian Feminine Divinity, Ann Arbor, University Microfilms, 1980, S. 108.

Buchanzeigen

Religion, Theologie, Wissenschaft

Uwe Gerber
Die feministische Eroberung der Theologie
1987. 200 Seiten. Paperback.
(Beck'sche Reihe Band 335)

Carolyn Merchant
Der Tod der Natur
Ökologie, Frauen und neuzeitliche Naturwissenschaft.
Nachdruck 1987. 323 Seiten.

Gerhard Ruhbach/Josef Sudbrack (Hrsg.)
Große Mystiker
Leben und Wirken
1984. 400 Seiten. Leinen.

Gerhard Ruhbach/Josef Sudbrack (Hrsg.)
Christliche Mystik
Texte aus zwei Jahrtausenden
1989. 550 Seiten. Leinen.

Karl-Heinrich Bieritz
Das Kirchenjahr
Feste, Gedenk- und Feiertage in Geschichte und Gegenwart
2. Auflage 1988. 271 Seiten. Leinen.

Hans-Christian Diedrich (Hrsg.)
Das Glaubensleben der Ostkirche
Eine Einführung in Geschichte, Gottesdienst
und Frömmigkeit der orthodoxen Kirche
1989. 136 Seiten mit 10 Abbildungen. Leinen

Walter Schubart
Religion und Eros
22. bis 25. Tausend. 1989
Nachdruck 1989. 288 Seiten. Paperback
(Beck'sche Reihe Band 400)

Verlag C. H. Beck München